*"Io prenderò i tuoi occhi e li metterò al posto dei miei e tu
prenderai i miei per metterli al posto dei tuoi. Vedrò il tuo mondo
dai tuoi occhi e tu lo vedrai dai miei in un vero scambio e
finalmente ci rincontreremo"*

J. L. Moreno

"Il gruppo può essere ben più reale del mondo esterno."

Irvin D. Yalom

Introduzione

La figura dello psicoterapeuta mi affascina da molto tempo. Risale ad un periodo perduto, nascosto da qualche parte nella mia memoria semantica. Abbraccia episodi che non si riescono a collocare precisamente nel tempo e nello spazio: la prima volta che ho sentito parlare di Freud o di Yung, le lezioni di filosofia su Socrate di una docente appassionata, qualche film di settore che ha catturato la mia attenzione...

Il mio percorso non è stato una linea retta, somiglia più ad un groviglio o ad una matassa, parole che come spiega il professor Davì, sono all'origine della definizione di gruppo. In questo intersecarsi di passioni, si distinguono nettamente tre filoni principali: Il teatro, la conduzione di gruppi e la psicologia. Dopo le scuole ho superato le selezioni di una importante scuola di arte drammatica nazionale ed ho intrapreso un percorso di vita professionale di attore e tersicoreo.

Successivamente la formazione aziendale ed il management hanno preso il sopravvento. Se da un lato, in principio, ciò è avvenuto per motivi di una necessaria stabilità economica meno precaria; dall'altro ho iniziato a vivere questa condizione con passione e interesse abbracciando il cambiamento. Ho così vissuto in prima persona dall'interno, dinamiche come la leadership, l'adattamento, la resilienza e l'accoglienza. Ho condotto diversi team al raggiungimento di obiettivi e creato legami.

Quando poi ho finalmente raggiunto una base che mi permetteva finanziariamente di sostenere degli ulteriori studi, ho potuto dedicarmi alla psicologia a tempo pieno.

Come un cerchio che si chiude, come una magnifica profezia che si autoavvera, il tirocinio dell'ultimo anno di questo corso di laurea magistrale è avvenuto nella scuola di Psicodramma di Ottavio Rosati a Roma. Questo momento di formazione fondamentale per poter accedere alla tesi che sto scrivendo ed alla conseguente laurea in psicologia è stato casuale. Per quanto al caso si possa credere.

Vivo in Francia dal 2016 e cercavo uno stage che fosse formativo e che mi potesse arricchire. Dall'altra parte era fondamentale che fosse a portata di spostamenti che non gravassero eccessivamente sull'aspetto economico e sulla tempistica. Delle mie tante richieste, due hanno trovato una risposta quasi immediata. La scuola di Psicodramma di C. Boria a Milano e quella di O. Rosati a Roma. Mi piace pensare che ci siamo scelti come se l'attrazione tra l'umanità del teatro e quella della psicologia potessero finalmente trovare un nesso anche all'interno del mio percorso.

Ho preso così il coraggio di lasciare il mio posto fisso e di fare tutte quelle azioni delle quali sentiamo parlare spesso. Riconsiderare i propri valori, uscire dalla "comfort zone" ed abbracciare il cambiamento. L'esperienza a Roma mi ha segnato e mi ha dato spunti di riflessione che hanno fatto crescere in me delle priorità. Il desiderio di un futuro da psicoterapeuta si è affinato e completato con il delinearsi di una nuova figura, quella di psicodrammatista. Da qui nasce l'argomento della tesi.

Lo Psicodramma tra presente, passato e futuro. Da dove nasce questo metodo? Cosa ha rappresentato nella storia della psicologia e della psicanalisi? Quale situazione vive lo Psicodramma oggi e quali sono le sue prospettive future?

Se la solida certezza del passato è da ricercare nel padre dello Psicodramma, Jacob Levi Moreno, nei suoi insegnamenti, nei suoi scritti e nei suoi più importanti allievi come A.A. Schützenberger, il presente possiamo trovarlo nelle scuole italiane che lo insegnano ai futuri psicodrammatisti nei corsi riconosciuti di specializzazione quadriennale. Possiamo ricercare anche fuori dall'Italia, per scoprire quanto e dove sia diffuso questo affascinante metodo. Infine il futuro. L'avvenire dello Psicodramma qual è? Si può integrare lo psicodramma nella teleterapia? Come la nuova società fluida può beneficiare di questo metodo? Di questi ed altri temi desidero scrivere in questo elaborato che tratta le tematiche del gruppo, dello psicodramma e della terapia online.

Al fondo ho redatto una cronologia in formato tabellare che completa con un contesto storico e socioculturale i fatti dello psicodramma rendendo più comprensibile alcuni eventi ed aggiungendo delle curiosità legate al tempo.

Una intervista ad uno dei massimi esponenti dello psicodramma italiano, Ottavio Rosati, è incorporata in questa tesi ed arricchisce il lavoro di ricerca con spunti ed immagini chiare ed illuminanti.

Lo psicodramma e le sue origini mi hanno stupito ed attratto, il suo presente mi ha coinvolto e reso parte di questa tecnica come osservatore e allievo, rendendomi desideroso di far parte del futuro che si prospetta a chi studierà ed integrerà questo metodo incredibile nei processi terapeutici e di ricerca della psicologia.

Capitolo 1

1. LO PSICODRAMMA MORENIANO

1.1 Teatro e psicologia

Nel 1907 Sigmund Freud già attribuiva alla fantasia una funzione di creazione per l'uomo, uno spazio in cui potersi rifugiare dal mondo esterno. Uno luogo astratto dove incontrare l'altro, altro inteso anche come artista.

"Quando [...] il poeta ci rappresenta i suoi drammi o ci racconta ciò che noi siamo inclini a interpretare come suoi personali sogni a occhi aperti, proviamo un vivissimo piacere che probabilmente deriva dalla confluenza di molte fonti. Come il poeta riesca a far ciò, è il suo particolarissimo segreto: la vera ars poetica consiste nella tecnica per superare la nostra ripugnanza, la quale è certo in connessione con le barriere che si elevano fra ogni singolo Io e gli altri. Possiamo supporre due mezzi di questa tecnica: il poeta addolcisce il carattere della sua fantasticheria egoistica alterandola e velandola; e ci seduce con un profitto di piacere puramente formale, e cioè estetico, che egli ci offre nella presentazione delle sue fantasie. Il piacere così ottenuto, che ci viene offerto per rendere con esso possibile sprigionare, da fonti psichiche più profonde, un piacere maggiore, può essere detto premio di allettamento (lusinga) o piacere preliminare. Io sono convinto che ogni piacere estetico procuratoci dal poeta ha il carattere di un tale piacere preliminare, e che il vero godimento dell'opera poetica provenga dalla liberazione di tensioni della nostra psiche" [1]

---

[1] S. Freud - *Saggi sull'arte la letteratura e il linguaggio: Il poeta e la fantasia*, traduzione di Cesare L. Musatti, Bollati Boringhieri, 1906.

Anche se per Moreno è nei giardini di Vienna e per Freud nel suo studio privato, entrambi accolgono e sollecitano, la vita pulsionale di coloro che ad essi si rivolgono. Ma non tratteranno le cose allo stesso modo. Freud dice: *"wo es war, soll ich werden"* (dov'era, l'io deve accadere) mentre Moreno invita alla spontaneità, per ribellarsi alla repressione, "aprite le scatole delle riserve culturali! ".

Il profeta dello psicodramma, come lo stesso Moreno ama ironicamente ma anche con una buona dose di egocentrismo definirsi, immaginando il passaggio dalla catarsi dell'attore alla catarsi dello spettatore, opera uno spostamento analogo a quello di Freud che abbandonava l'ipnosi e la suggestione per invitare il suo paziente alla sola libera associazione.

Entrambi mettono al centro il paziente, nella sua realtà psichica più intima e prosaica ma anche la parte artistica nel recitare se stessi o nelle inversioni con gli ego ausiliari.

L'attività artistica ed in essa la rappresentazione teatrale viene considerata come la massima manifestazione del sentire umano, delle emozioni e dei malesseri propri della psiche. L'arte è quindi il modo principale attraverso il quale la fantasia muove verso la realtà[2].

Carlo Goldoni scriveva già nel diciassettesimo secolo che "*Il teatro è vita e la vita è teatro*". Molti drammaturghi hanno abbracciato la psiche umana ed esplorato la mente, basti pensare a Sartre, Copi, e al premio nobel Luigi Pirandello che rappresenta con le sue opere un materiale di studio fondamentale per il terapeuta psicodrammatista.

---

[2] A. Pellicciari, F. Rossi, P. Gualandi, C. Muratore, L. Iero, V. Gentile, S. Franzoni - *Il teatro nei Disturbi del Comportamento Alimentare,* Giornale della neuropsichiatria in età evolutiva, Bologna, 2009.

Lo psicodramma, oggetto principale di questa tesi, nasce negli anni venti. Mosso dalla passione per il teatro, Jacob Levi Moreno, psichiatra e psicologo, tenne i primi gruppi d'incontro con bambini ed adulti. Nel 1921 Moreno fondò il "teatro della spontaneità" in cui degli attori improvvisati recitavano episodi della vita quotidiana.

Lo psicodramma Moreniano ha come obiettivo fondamentale la trasformazione dei conflitti interni attraverso l'espressione esterna dell'esperienza personale.[3] Sebbene questa terapia sia sviluppata in un formato gruppale, si concentra sulle particolarità dell'individuo come intersezione di vari ruoli relazionali, con difficoltà e potenzialità connesse. Per questo motivo si può dire che lo psicodramma di Moreno è una psicoterapia individuale in un formato di gruppo, centrato sul protagonista e sui ruoli che lo riguardano nel corso della sua vita (Blatner, 1996).

Da allora questo modello fu ampiamente utilizzato in Europa in contesti sanitari pubblici e privati tra cui ospedali (Kipper, 1997; Sousa, 2012) e servizi di salute mentale (Kirk e Dutton, 2006). La considerazione a questo tipo di psicoterapia è cresciuta sempre più, tanto da ottenere l'accreditamento da parte dell'Associazione Europea delle Psicoterapie (EAP) e l'inserimento da parte di diversi governi europei nelle linee guida di trattamento, come ad esempio in Ungheria ed Austria (Cruz, Sales, Alves, Moita, 2018).

Bisogna fare un preciso distinguo tra lo psicodramma e la teatroterapia. Il primo è vera e propria psicoterapia riconosciuta per la quale bisogna ottenere un'abilitazione. È obbligatoria una scuola quadriennale di psicoterapia che si frequenta dopo aver ottenuto la laurea in psicologia o in medicina e psichiatria.

---

[3] D. Davì, *Manuale di Psicologia dei gruppi* - Materiali Ed. Unicusano - 2021

La teatroterapia è invece uno strumento artistico e sociale che può integrare il percorso della formazione teatrale che un'artista segue per conoscere se stesso in rapporto alle proprie abilità performative e di immedesimazione col personaggio.

In nessun caso un teatroterapeuta può trattare patologie e di varia natura, limitandosi a lavorare con i soggetti sani e privi di disturbi presenti nel DSM. Questa tecnica è spesso rivolta agli attori stessi che imparano a scavare dentro se stessi con *plateau* che si rifanno a grandi maestri come Konstantin Sergeevič Stanislavskij o Lee Strasberg. Bisogna prendere in considerazione come gli aspetti terapeutici del teatro sono stati dimostrati lungo la storia.

Il concetto di catarsi fu introdotto da *Aristotele* per esprimere il peculiare effetto che il dramma greco aveva sui suoi spettatori. Il termine *catarsi* deriva dal greco kátharsis, che a sua volta deriva da katháirein ovvero "*purificare*": la liberazione dell'individuo da una contaminazione che danneggia o corrompe la natura dell'uomo.

Citiamo Aristotele per comprendere al meglio il significato di questo termine così largamente utilizzato: "*Tragedia dunque è mimesi di un'azione seria e compiuta in se stessa, con una certa estensione; in un linguaggio abbellito di varie specie di abbellimenti, ma ciascuno, a suo luogo, nelle parti diverse; in forma drammatica e non narrativa; la quale, mediante una serie di casi che suscitano pietà e terrore, ha per effetto quello di sollevare e purificare l'animo da siffatte passioni*".

Nella sua poetica egli sostiene che lo scopo del dramma e' di purificare gli spettatori attraverso l'eccitazione artistica di alcune emozioni che funzionavano come un tipo di sollievo dalle loro passioni personali.

L'evento scenico "*traumatico*" è la messa in atto di un conflitto e delle sue conseguenze fino all'estrema lacerazione. Assistervi consentirebbe tanto un coinvolgimento quanto una presa di distanza che renderebbero possibile un'osservazione più consapevole.

Un precursore importante della teatroterapia e' il *marchese De Sade* (1740-1814) il quale, rinchiuso nel manicomio di Charenton allestiva lavori teatrali, alcuni scritti da egli stesso, nei quali recitavano i pazienti.

Anche nell'Ospedale di Aversa, nello stesso periodo, l'abate Giovanni Maria Linguiti all'interno della sua "*cura morale*" dà grande rilievo alle rappresentazioni teatrali. Secondo Linguiti l'azione di recitare un personaggio la cui "*passione*" o "*idea fissa*" sia opposta a quella che affligge il malato consente a quest'ultimo di liberarsi dalla sua "*psicosi*" originaria e quindi diventa un vero e proprio strumento terapeutico.

Il vero incontro tra teatro e psicologia e' avvenuto intorno agli anni '60 favorito da alcune nuove risonanze: la nascita dei laboratori teatrali e un nuovo training dell'attore. Si instaura un concetto di antropologia teatrale; un rinnovato modo di lavorare nel setting psicoterapeutico e la nascita di nuove teorie psicologiche e psicoterapeutiche.

Il teatro di ricerca, basandosi sulle riflessioni dei maggiori maestri del novecento, propone una visione antropologica della pratica artistica (*Grotowski, Brook, Barba*).

A partire dalle avanguardie storiche che avevano provocato un rinnovamento radicale del teatro (nella drammaturgia, nella scena, nella recitazione, nella preparazione dell'attore, nel ruolo sociale del teatro).

Si è delineato nella seconda parte del secolo uno spostamento dell'interesse non più focalizzato sullo spettacolo ma sul processo di creazione. Il "*laboratorio*", in cui attori e regista lavorano insieme sul training e sulla preparazione dello spettacolo si propone come setting di ricerca e di sperimentazione.

Jerzy Grotowski nel 1959 ha dato vita al Teatro Laboratorio che in seguito ha ricevuto lo status di "*Istituto di ricerche sulla recitazione*". Egli propone la povertà in teatro, lo sfrondamento di tutti gli elementi parassitari per arrivare a svelare le ricchezze inesplorate di questa forma artistica.

"*Il teatro, grazie alla tecnica dell'attore, quest'arte in cui un organismo vivo lotta per motivi superiori, presenta un'occasione di quel che potremmo definire integrazione, il rifiuto delle maschere, il palesamento della vera essenza: una totalità di reazioni fisico-mentali. Questa possibilità deve essere utilizzata in maniera disciplinata, con una piena consapevolezza delle responsabilità che essa implica. È in questo che possiamo scorgere la funzione terapeutica del teatro per l'umanità nella civiltà attuale*" (Grotowski,1968).

Nello stesso periodo della pubblicazione del libro di Grotowski "*Per un teatro povero*", fu pubblicata anche un'altra opera fondamentale per la cultura teatrale contemporanea: "*The Empty Space*" di Peter Brook che contribuisce a proporre una idea di teatro viva e realmente necessaria per l'uomo d'oggi.

Per Peter Brook l'atto teatrale è un lasciare andare (*lâcher-prise*) un rinnovarsi, un purificarsi sia per l'attore, sia per il pubblico. È una esperienza liberatoria "*... la risata e le emozioni intense liberano l'organismo di parte delle scorie...*" (Brook,1968).

In questi nuovi setting si cerca di ricostruire l'unità dell'esperienza attraverso una nuova estetica e nuove metodologie capaci di integrare il soggettivo e l'oggettivo, mente e corpo, reale e immaginario, disciplina e spontaneità, arte e vita, individualità e collettività, tradizione e ricerca del nuovo.

Nella terapia gestaltica la drammatizzazione è usata in maniera diversa che nello psicodramma. La Gestalt non si avvale di ego ausiliari e neanche costruisce un'esperienza terapeutica organizzandola. Il protagonista è sempre il paziente. L'ambiente in cui vive è popolato di cose e persone, ruoli e personaggi che riflettono le sue parti.

Al paziente tocca riappropriarsene per poi assimilarle. Quanto è stato perso o alienato per le vicende della vita ha valore, è un patrimonio di potenzialità. Conviene integrarle come scrive Ferrara,[4]

Da tutti questi passaggi storici e fatti che integrano teatro e psicologia si evince che vi è un forte legame tra i due e che un lavoro di integrazione è qualcosa da continuare a prendere ancora oggi in considerazione apportando il valore umano del teatro nelle tecniche terapeutiche e psicologiche quando opportuno e con criterio.

---

[4] A. Ferrara, M. Spagnuolo Lobb - *Le Voci della Gestalt,* Franco Angeli, Milano, 2008.

1.2 J.L. Moreno, la sociometria e lo psicodramma

Nei primissimi anni delle sue ricerche, in un lavoro che interseca le scienze sociali e quelle psicologiche, J. L. Moreno crea il concetto di sociometria. Questa è il risultato di molta osservazione e studio sulla costruzione di gruppi e sulla descrizione delle relazioni interpersonali che all'interno di essi avvengono.

La parola sociometria è formata dal latino *socius* e *metrus* ovvero compagno e misura. Moreno inizia a farla sua nel 1916 per poi formalizzarla definitivamente nel 1951. (*Sociometry, experimental method and the science of society*).

Egli formula due ipotesi che esterna nel suo libro autobiografico "*il profeta dello psicodramma.*" La prima ipotesi è quella della prossimità spaziale e postula che più due individui sono vicini nello spazio, più sono reciproci debitori di attenzione e di accettazione immediata, si "devono" una reciproca priorità di amore.

La prescrizione che se ne deduce sarebbe quella di non fare attenzione agli individui lontani da te se non hai già sciolto la tua responsabilità nei confronti di quelli a te più vicini e loro nei tuoi confronti.

Per più vicini, si intende chi vive accanto a noi secondo Moreno, chi incontriamo per primo per la strada, chi ci siede accanto, coloro che si presentano per primi.

La sequenza di prossimità nello spazio determina un ordine preciso di legami di accettazione sociale; la sequenza con la quale bisognerebbe dare amore e attenzione è dunque strettamente preordinata e pre organizzata secondo un imperativo spaziale.

La seconda ipotesi è quella di prossimità temporale e postula che la sequenza della prossimità nel tempo determina un ordine preciso di attenzione e venerazione sociale secondo un imperativo temporale. In altre parole, il "qui ed ora" richiede aiuto ed attenzione prima del passato e del futuro.

Ciò che segue e procede il tempo "qui e ora", richiede aiuto o attenzione solo successivamente. In questo concetto vediamo come Moreno fosse estremamente attuale con le sue idee rispecchiando molti approcci psicoterapici moderni che pongono l'accento su *"hic et nunc"*

Misurando all'interno di un gruppo il grado di accettazione o rifiuto che un soggetto esprime verso gli altri membri del gruppo o del ruolo che essi ricoprono, si può facilitare una discussione sull'impatto del membro del gruppo sui singoli membri o sull'entità gruppale di insieme.

Gli studiosi che si affidano alla sociometria analizzano i gruppi come reti sociali, individuano il *leader* studiandone il tipo di *leadership*, verificano inoltre chi tende a ricoprire il ruolo di membro isolato presente, leggono la presenza o l'assenza di mutualità dello scambio, trovano incongruità e le motivazioni interne al gruppo.

Moreno crede fermamente che ogni persona sia dotata di una natura primordiale immortale e sacra e sviluppa la convinzione che è da questa natura che nasce la creatività. Tale creatività deve poi essere diretta per preservare la vita.

La varietà di culture, credenze e modi di interagire forma un sistema sufficientemente complesso da esplorare, dove le persone vengono motivate a valutarsi l'un l'altra, attivamente.

Questo fatto viene più volte chiarito dallo stesso Moreno sotto la forma del concetto di spontaneità che sarà poi alla base dello Psicodramma.

Possiamo dire che gli anni di studio di Moreno basati sulle due colonne portanti della sociometria e del teatro della spontaneità reggeranno solide l'architrave dello Psicodramma.

In sociometria le percezioni vengono identificate, corrette e affinate. I membri del gruppo si troveranno a compiere scelte informate, guidate da una consapevolezza collettiva, formando – ognuno con le proprie scelte un "tutto" che è il gruppo.

Gli strumenti della sociometria sono:
• il test sociometrico (questionario mediante il quale si misurano l'intensità e il livello delle singole relazioni gruppali),
• l'analisi della reciprocità dei ruoli,
• la tele (processo empatico bidirezionale di attrazione/ repulsione che produce le correnti affettive interne a un gruppo)
• la catarsi.

Le tappe dell'analisi sociometrica dei gruppi sono:

• L'individuazione dell'atomo sociale: esso è l'unità sociale minima delle reti sociometriche. L'atomo/persona costruisce intorno a sé un circolo, nel quale include tutti i nuclei/persone che sono ad esso legati ed esclude tutti coloro che non hanno legami con esso. Può trattarsi di una cerchia di amici o di un gruppo pubblico. Ogni atomo è partecipante ed osservatore di se stesso ed esplora sulla carta ed anche tramite l'azione i nuclei ai quali è connesso.

• La somministrazione del test sociometrico: ogni gruppo esplora l'impatto collettivo delle proprie scelte, sui singoli membri e sul gruppo intero. Viene selezionato il criterio su cui operare le scelte. Si identificano sulla carta oppure tramite azione lo spettro delle scelte (scegliere, non scegliere, restare neutrale) e il grado di sentimenti positivi o negativi che ogni scelta comporta. Ogni membro esprime le proprie convinzioni in merito alla scelta che gli altri farebbero al posto suo.

• I risultati vengono riportati sul sociogramma, che viene disegnato o agito in modo da mettere in luce alcuni fattori: vicinanza o distanza, livello della scelta (sovrastimato, sottostimato), livello di reciprocità, esistenza di sottogruppi. Il gruppo poi discute i risultati e il modo per intraprendere la propria costruzione per il raggiungimento dei suoi scopi e obiettivi.

• La definizione del diagramma di ruolo: coppie, triadi e piccoli gruppi possono analizzare la posizione di ogni membro in merito ai ruoli di ognuno e alle risposte emotive dell'uno verso l'altro. Vengono stilati una lista e una serie di annotazioni per identificare sentimenti o cambiamenti di sentimenti.

• Si procede all'incontro: al fine di facilitare l'esplorazione dei ruoli si procede a un'inversione degli stessi tra i membri del gruppo. Le persone sono incapaci di dichiarare l'un l'altra le proprie scelte, se non prendono atto delle differenze esistenti tra esse. Il sociometrista facilita i conflitti, le *impasse* e l'incontro tra le persone, in modo che si conoscano l'un l'altra.

• Si attua la costruzione del gruppo: la sociometria prevede un ampio numero di esercizi e attività per incrementare cooperazione, coesione, apertura e accesso ai ruoli. Ogni attività di "catarsi" è un evento sociometrico. Ogni volta che il leader chiede ai membri del gruppo di scegliersi un partner, ha inizio un evento sociometrico. Lo studio della sociometria pone attenzione ai principi che sottostanno a queste attività.

La sociometria e i suoi strumenti trovano applicazione nella terapia familiare, nel counseling psicoterapeutico, nei sistemi educativi (classi scolastiche o training dei docenti), nella pianificazione urbana, nelle campagne politiche, in affari e industrie (in particolare nell'organizzazione dei nuovi progetti), nei campi scuola per ragazzi, nelle strutture militari e nelle congregazioni religiose.

Ma quando nacque realmente l'idea di Psicodramma in Moreno? Egli scrive ironicamente che la sua prima azione di psicodramma ebbe luogo quando interpretò Dio all'età di cinque anni nel 1894.[5] Aveva creato insieme a degli amici una montagna di sedie e dall'alto di questa costruzione interpretava il ruolo del Padreterno.

Racconta però che di fatto egli cadde quando gli altri bambini smisero di reggere le sedie e questo gli insegnò che anche l'essere più elevato dipende dagli altri, "*ego ausiliari*", e che il paziente-attore ha bisogno di loro per curarsi in modo appropriato.

La prima seduta ufficiale di psicodramma fu tenuta a Vienna da Moreno, in un giorno predestinato, il 1 aprile 1921, che in Austria è soprannominato "il giorno dei pazzi". Si trattò di un teatro senza attori, senza testo e senza arrangiamento. Sul tema de "il racconto del re". Ciascuno dei 1000 spettatori fu invitato a salire in scena per interpretare il ruolo del re e assegnare un nuovo ordine alle cose.

---

[5] J.L. Moreno - Il profeta dello Psicodramma - Di Renzo Editore - 2002

Dalle sette alle dieci di sera Moreno tentò invano di far partecipare il pubblico. Nel raccontare lo smacco subito in questa sessione egli rievoca la scena vissuta da bambino descritta, di quando Moreno/Dio, senza il supporto di ego ausiliari, cadde miseramente dal suo trono di sedie.

Qual è l'essenza dello psicodramma e quale definizione possiamo dare? Nella concezione psicodrammatica, l'uomo è definito in maniera dinamica, attraverso quattro dimensioni della sua esistenza:

- Il primo è il ventaglio di ruoli che gioca nella vita. Ogni persona si sente, pensa e agisce in funzione di una molteplicità di ruoli fisiologici, psicologici, professionali e sociali. Questi contribuiscono a definire al meglio la persona piuttosto che le abituali teorie della personalità. Ci sarà, per ciascuno, una certa consonanza o dissonanza tra questi ruoli; ognuno si sente incongruo o in armonia con se stesso e di conseguenza a proprio agio o disagio nella propria pelle ed in quella del proprio personaggio.

- Al secondo punto c'è la rete di interazioni con la quale tutte le persone si rapportano, la dinamica dei gruppi con i quali si è impegnati.

- Al terzo punto c'è il proprio atomo sociale ovvero il mondo affettivo personale.

- Al quarto c'è il proprio status sociometrico, vale a dire la quota di amore riscossa, in ciascuno dei gruppi ai quali si appartiene.

Il nostro essere al mondo si manifesta anche tramite il nostro grado di spontaneità e di quanto comunichiamo autenticamente con gli altri e che Moreno definiva tele.

Tele è un concetto che ingloba e arricchisce di significati gli assunti di transfert e controtransfert. Tramite l'autenticità e la spontaneità la comunicazione verbale e non verbale può approdare o meno in un incontro sincero.

Tornando alla definizione di psicodramma possiamo sicuramente dire che questo termine viene dal greco *psyche* (anima) e *drama* (azione).

Secondo Moreno lo psicodramma è la scienza che esplora la verità degli esseri umani o la realtà delle situazioni, attraverso metodologie drammatiche. Lo psicodramma è il Teatro dell'uomo liberato, dalle sue catene, in mezzo una platea di persone. Anche se sciolte da se stessi, tutti i membri partecipi di un evento possono permettere di uscire dalla propria vita, per ritrovarla sulla scena[6], magari vissuta da un'altra persona, che è liberata dalle costrizioni e può sciogliere ed esprimere i problemi del gruppo.

Lo psicodramma diventa quindi un incontro privilegiato riservato ai soli partecipanti. Non si può pertanto venire a vedere uno psicodramma. Non si può che partecipare attivamente alla sua creazione, ovvero essere dentro lo psicodramma.

Lo psicodramma permette di percepire il ruolo che ciascuno di noi incarna e di fronteggiare quello altrui, in ogni determinato momento della vita di gruppo di relazione.

---

[6] J. L. Moreno - Psychodrama vol 1 - Psychodrama Press - 2020

Lo psicodramma è tanto attento alla vita individuale, quanto quella delle dinamiche di gruppo e all'osservazione della rete sociometrica di interrelazione. Ciò avviene nel qui e ora del gruppo e trova espressione sia nella parte personale storica del singolo, sia nel versante comune e sociometrico del gruppo.

Lo psicodramma libera da inibizioni, difficoltà, traumi del passato, rimettendoli in scena e operando la catarsi del passato nel presente o del futuro nel presente, mediante una rappresentazione drammatica dei conflitti, carica di valenza emotiva.

Nel prossimo paragrafo si affronta la relazione di fondamentale importanza che si riscontra tra lo psicodramma e la psicologia dei gruppi in quanto materie di studio separate ma assolutamente interdipendenti, essendo questa tecnica nata nel gruppo dal quale trae energie e risorse. Bisogna altresì non dimenticare come negli ultimi sviluppi, le ricerche degli studiosi stiano cercando di portare lo psicodramma nella terapia duale attraverso degli escamotage, come la scacchiera di Ottavio Rosati, la quale viene citata più avanti nel testo e che suscita molto interesse nella comunità terapeutica dei nuovi psicodrammatisti.

1.3 Psicologia dei Gruppi e Psicodramma

La terapia è un'esperienza emotiva e correttiva. Rendersi conto di qualcosa senza un'opportunità di riparazione rischia di essere punitivo e demoralizzante.

Se incoraggiamo i membri del nostro gruppo a presentarsi al gruppo come sono veramente, con vulnerabilità, speranze e paure, è nostro dovere assicurarci che per loro valga la pena farlo.

La terapia di gruppo aiuta i pazienti? Certamente sì. Un convincente *corpus* di ricerche sugli esiti ha dimostrato in modo coerente ed inequivocabile che la terapia di gruppo è una forma di psicoterapia altamente efficace.

Da quando la terapia di gruppo è stata introdotta, negli anni '40, ha continuato ad adattarsi così da poter riflettere i cambiamenti intercorsi nella pratica clinica.

Sono sorte nuove sindromi cliniche, nuovi setting e nuovi orientamenti teorici, a cui sono corrisposte nuove versioni della terapia di gruppo.

La molteplicità delle sue forme è oggi così evidente che ha più senso parlare di terapie di gruppo anziché di terapia di gruppo.

Il fatto che questa sia efficace a qualsiasi età e per tutte le esigenze cliniche è ampiamente dimostrato, in genere con risultati equivalenti a quelli della terapia individuale.[7]

---

[7] Irvin Yalom e Molyn Leszcz - Teoria e pratica della psicoterapia di gruppo-sette edizione riveduta giornata - Bollati e Boringhieri, edizione aggiornata 2022

Secondo molti studiosi la terapia di gruppo si compone di undici fattori terapeutici fondamentali: infondere speranza, universalità, fornire informazioni, altruismo, ricapitolazione correttivo del gruppo familiare primario, sviluppare tecniche di socializzazione, comportamento imitativo, apprendimento interpersonale, coesione di gruppo, catarsi, e fattori esistenziali. Questi fattori trovano la loro applicazione in maniera differente e con equilibri particolari ad ogni orientamento.

La ricerca ha anche mostrato che i fattori terapeutici apprezzati dai membri di un gruppo possono differire largamente da quelli citati dai terapeuti o dagli osservatori del gruppo stesso.[8]

Occorre riconoscere che i terapeuti di gruppo stanno attualmente impiegando nel lavoro gli approcci più disparati. Cognitivo-comportamentale, psicopedagogico, interpersonale, Gestalt, supportivo-espressivo, analitico moderno, psicoanalitico, dinamico-internazionale, psicodramma: tutti questi e molti altri, sono metodi usati oggi nella terapia di gruppo.

I terapeuti di gruppo stanno anche applicando nel lavoro con i clienti i progressi compiuti nell'ambito delle conoscenze sull'attaccamento umano e della neurobiologia delle relazioni interpersonali, nel tentativo di integrare nel proprio lavoro mente, corpo e cervello.

La terapia di gruppo si concentra sull'ambito interpersonale e interazionale, mentre la terapia individuale si occupa più della sfera intrapersonale e intrapsichica.[9]

---

[8] *J. Schaffer e S. Dreyer - Staff and Impatient perceptions of change mechanisms in group therapy* - British Journal of Psychiatryc, 1980.

[9] L. Johanessen - *Patients view of therapeutic actions* - Group Analysis Journal, 2009.

Dopo un numero sufficiente di incontri, ogni assistito comincia ad essere se stesso, interagire con i membri del gruppo nello stesso modo in cui interagisce con le altre persone presenti nella sua sfera sociale e creare nel gruppo lo stesso universo interpersonale nel quale ha sempre vissuto.

In altre parole, i pazienti, con il passare del tempo cominciano inevitabilmente a manifestare nel gruppo, in modo automatico, il proprio comportamento interpersonale disadattivo.

In questo tipo di terapia non è necessario che descrivano o riconoscano nel dettaglio le vicende della propria patologia, poiché prima o poi la agiranno nel gruppo.[10]

Lo psicodramma, creato per la prima volta da Jacob Levy Moreno nel 1921, è un tipo di psicoterapia inizialmente concepita come "psicoterapia di gruppo profonda", ispirata al teatro dell'improvvisazione.

L'aspetto chiave dello psicodramma è la drammatizzazione da parte dei pazienti di una serie di eventi come se stessero accadendo nel presente. Durante gli interventi di psicodramma, l'accento è posto non solo su ciò che i pazienti dicono, ma anche su ciò che fanno (l'azione) durante la drammatizzazione.

L'obiettivo è che i pazienti acquisiscano una maggiore comprensione della situazione vissuta e agita al fine di consentire loro di affrontare meglio i loro pensieri e sentimenti per aumentare le loro risorse e punti di forza personali.

---

[10] S. Goldberg e coll. - Group as social Microcosm. - Psychoteraphy anno I numero II - 2015

Questa tecnica psicoterapeutica offre un'ampia gamma di possibilità se applicata ai programmi di salute mentale e sono stati pubblicati rapporti di interventi efficaci con pazienti clinici che soffrono di diversi disturbi psicologici.

Ad esempio nello studio *The effect of short term psychodrama on chronic schizophrenic patients* le persone con sintomi subclinici, o come in altri studi di Nazar e colleghi[11] che si trovano in letteratura, dove questa tecnica diventa parte di piani di sviluppo personale volti a migliorare le abilità sociali, aumentare l'autostima o cambiare gli atteggiamenti.

Un'altra serie di studi interessanti sono quelli condotti a livello di comunità incentrati sui programmi di prevenzione interdisciplinare implementati nelle scuole come l'interessante *Drama Therapy Counseling as Mental Health Care of College Student*[12].

---

[11] F.J. Nazar; M. Zare-Bahramabadi, M.; Delavar, A.; Gilan, N.R. Efficacy of psychodrama techniques in internalizing symptoms (anxiety, Depression and somatization) among adolescent girls victims of bullying in Kermanshah. *J. Maz. Univ. Med. Sci. - 2014*

[12] Chang, W.-L.; Liu, Y.-S.; Yang, C.-F. Drama Therapy Counseling as Mental Health Care of College Students. *Int. J. Environ. Public Health - 2019*

Lo psicodramma impiega cinque elementi principali[13]:

• Il protagonista, qualcuno del gruppo che recita, in diverse scene, ruoli legati a possibili difficoltà e/o potenzialità personali; a differenza del teatro reale, l'attore è anche l'autore della propria opera.

• Gli ego ausiliari, aiutanti qualificati che svolgono il ruolo di co-terapeuti; dirigono il protagonista agendo allo stesso tempo come osservatori esterni della scena che si sta svolgendo; il loro scopo è svolgere ruoli complementari.

• Il direttore, che agisce sia come terapeuta che come analista ha il compito di guidare la seduta e di monitorare l'andamento del processo psicoterapeutico; sono quindi responsabili della scelta della strategia terapeutica più idonea e dell'utilizzo delle diverse tecniche di psicodramma secondo le differenti necessità.

• Il pubblico, composto dagli altri membri del gruppo, può aiutare fungendo da "cassa di risonanza", amplificando o rafforzando le sensazioni del protagonista e riconoscendo e comprendendo la sua esperienza, aiutando così ognuno a riconoscere i propri conflitti.

• Il palcoscenico, uno spazio specifico in cui la scena si svolge e viene recitata; questo spazio permette al protagonista di rappresentare il proprio mondo interiore e di mettere in scena tutti i propri sogni e fantasie, diventando così lo "spazio del possibile".

---

[13] Moreno, J.L. *Psicoterapia de Grupo y Psicodrama*; Fondo Cultura Económica: Mexico City, México - 1975

Secondo lo psicodramma classico di Moreno, ogni seduta comprende tre fasi[14]. Il riscaldamento, l' azione e la condivisione.

Il riscaldamento (*warming up*)

Il riscaldamento è la fase di preparazione in cui si stabilisce il primo contatto tra il direttore ed i membri del gruppo; durante questa fase, l'obiettivo è favorire l'interazione di gruppo e impegnarsi in esercizi progettati per aumentare gradualmente la spontaneità, ridurre le inibizioni alla condivisione delle proprie esperienze e aumentare il coinvolgimento dei partecipanti nella sessione.

Sono diverse le forme di riscaldamento dello psicodramma, a seconda della scelta dello psicodrammatista e della scuola alla quale appartiene.

Essenzialmente possiamo distinguere le forme direttive da quelle non direttive, tecnicamente manipolatoria o tecnicamente attente a ciò che avviene nel gruppo. Nei riscaldamenti classici dello psicodramma Moreniano, il conduttore propone un certo numero di attività per cominciare la sessione.

Lo Psicodramma americano, in particolare quello di Adam Blatner, ha sviluppato diverse piccole situazioni che permettono alla gente di esprimersi in fretta con un qualsiasi conseguente cambiamento. Famoso è il suo esercizio della panchina dove due persone, un paziente ed un ego ausiliare sono seduti sulla panchina di un parco e cominciano a parlare presentandosi.

---

[14] Moreno, J.L. *Psicodrama*; Paidós: Buenos Aires, Argentina - 1975

La fase dell'azione

È la seconda e consiste nel momento in cui si svolge l'azione drammatica (l'aspetto centrale dello psicodramma); il protagonista entra in scena e recita la sua scena simbolica o reale; vengono poi messe in scena una serie di altri atti scenici correlati che simulano situazioni di vita reale e riflettono eventi passati, sfide presenti o possibilità future.

In altre parole, tutto ciò che preoccupa il protagonista è rappresentato in scena; vengono esplorati eventi importanti del loro passato, dando loro l'opportunità non solo di raccontarli e viverli, ma anche di agire su di essi e reintegrarli in modo nuovo, cercando così una soluzione al conflitto posto; lo scopo è quello di rompere con i preconcetti, decostruire e poi ricostruire gli elementi interni del paziente in un processo noto come catarsi o mobilitazione razionale ed emotiva.

La condivisione

Questa ultima è la fase in cui il gruppo condivide le esperienze e le emozioni scaturite dalla seduta, senza che siano ammesse interpretazioni razionali o domande; di conseguenza, il paziente (e talvolta vari membri del gruppo) possono trovare un modo per integrare emotivamente o cognitivamente il proprio mondo.

Bisogna non tralasciare il fatto che molti psicoterapeuti e psicanalisti hanno lavorato su un'identità di psicodramma a due. In questo caso lo psicodrammatista svolge sia il ruolo di conduttore della sessione, sia di ego ausiliario, al bisogno recita anche il doppio del protagonista. Talvolta a questo setting, vengono aggiunte delle sessioni di gruppo nelle quali si utilizza l'interpretazione psicoanalitica e metodi non direttivi: il soggetto a scegliere il tema del gioco.

Rosemary Lippitt utilizzava spesso questa tecnica per i bambini ospedalizzati o internati.

Sia in Belgio che in Canada molti terapeuti utilizzano lo psicodramma individuale all'interno della terapia classica come ad esempio la psicanalisi.

In Italia Ottavio Rosati ha lavorato al metodo della scacchiera, portando caratteristiche dello psicodramma all'interno di una terapia a due innovativa e funzionale. Un paragrafo su questo metodo è incluso all'interno del capitolo tre.

Nello Psicodramma è possibile interpretare anche i sogni. In questo caso il paziente può portare un proprio sogno da interpretare da parte dello psicodrammatista, se ha quest'abilità, così come potrebbe averle uno psicoterapeuta e analista che usa tra i suoi strumenti l'interpretazione dei sogni in un classico setting duale.

Nella psicologia dei gruppi, così come nello psicodramma è importante la catarsi della quale si era accennato già all'inizio di questa tesi ma con un particolare riferimento al suo significato teatrale, che affonda le sue radici nella tragedia greca.

Nell'antichità in senso religioso è una cerimonia di purificazione alla quale si sottoponevano i candidati all'iniziazione, nel corso dei misteri di Eleusi. Aristotele nella poetica la definisce con poche parole, il cui senso è divenuto fonte di discussione a partire dal Rinascimento.

"La tragedia e l'imitazione di un'azione, di carattere elevato e completo, e di una certa estensione, mediante un linguaggio che deriva da diverse sfaccettature che rispecchiano le singole parti dell'azione. L'imitazione è fatta da personaggi in azione e non tramite la narrazione.

I personaggi, suscitando pietà e dolore, provocano la purificazione dovuta a emozioni similari. Questa azione dell'anima libera la stessa e il corpo dei demoni che li abiterebbero, mediante un risveglio e poi un'eliminazione dagli umori peccaminosi, a seguito di una spinta proveniente dall'Io profondo. L'eliminazione è provocata dall'arte o dalla natura. Si tratta di un rimedio o di un sollievo accompagnatore del piacere la cui azione è anche di carattere fisiologico."[15]

Racine scriveva che la tragedia purifica e tempra eccitando la paura e la pietà. Ovvero, intercede affinché queste passioni si liberino di ciò che hanno di eccessivo ripetitivo e vengano ricondotte a uno stato più moderato, conforme alla ragione.

Corneille la descrive come qualcosa che ci costringe a tornare su di noi stessi e ci incita a purgare, moderare, rettificare e persino sradicare in noi quella passione che fa sprofondare nell'infelicità i personaggi che ci spirano compassione.[16] L'autore precisa anche che Aristotele ha preso questo concetto da suo padre, medico, che lo ha poi trasposto nella purificazione del corpo e dell'anima.

Freud, dopo qualche delusione nel corso dei suoi primi trattamenti dell'isteria, ha provvisoriamente rinunciato all'uso della catarsi, per passare alla guarigione mediante l'espressione verbale dei sentimenti e le libere associazioni. Da quel momento l'effetto catartico cessa di essere la risorsa primaria del trattamento.

Vi sono varie forme di catarsi. Spesso possono rivelarsi parziali, ovvero procurano soltanto sollievo provvisorio.

---

[15] Aristotele - Poetica - Bompiani - 2000

[16] Corneille - Don Sanche D'Aragon - CreateSpace Publishing Platform - 2016

Moreno da alla catarsi un senso diretto. La ricerca e la utilizza:
soprattutto la catarsi dell'integrazione, l'unica che consenta un lavoro in
profondità.

Possiamo dire che la catarsi è il sollievo che segue a uno stato di
tensione estrema, di fermento, l'apice emotivo che segue alla rottura
delle resistenze, al disgelo dei sentimenti, l'espulsione delle scorie che
produce una liberazione del passato. È una modificazione, a partire
dalla quale diviene possibile un'azione di ricostruzione mediante la
presa di coscienza e si può quindi oltrepassare un limite.

La si può raggiungere nel corso della rappresentazione, sulla
scena, così come durante la discussione, nella sala, oppure talvolta
dopo la sessione, dopo un sogno.

Essa è anche un modo per attualizzare l'immaginario che si
esprime direttamente nell'atto, senza l'intromissione della parola, la
catarsi differisce dal passaggio all'atto e dal passaggio all'azione.

Ho potuto assistere io stesso all'interno del gruppo
psicodrammatico di Ottavio Rosati nella sua scuola di specializzazione
di Roma alla catarsi. Diverse volte.

Essa è spesso accompagnata da segni molto evidenti come
lacrime, sudore, tremiti, cambiamenti nel tono della voce, nel
linguaggio, nel comportamento e persino nel colorito della pelle. Dopo
la catarsi si rielaborano i sentimenti, le percezioni, vi sono prese di
coscienza dei ruoli del soggetto.

Agendo su di esse lo psicodrammatista esperto attua tecniche
diverse che attivano processi fondamentali come ad esempio le
ristrutturazioni.

J. L. Moreno assegna al termine catarsi un senso leggermente differente da quello di Freud (che è più vicino all'etimologia greca) e ne amplia il significato. Crea infatti il termine di "psicocatarsi"[17] secondo il quale il paziente si libera e si purifica da una sindrome culturale o mentale.

La ricerca di un momento catartico è un metodo di psicoterapia o di psicoanalisi in cui l'effetto terapeutico ricercato è una purificazione, una liberazione adeguata dagli effetti patogeni. La cura permette al soggetto di rievocare e rivivere gli avvenimenti traumatici, ai quali sono legate le conseguenze emotive.

Nello psicodramma, la catarsi viene ricercata quando le persone si sentono invase da emozioni, che scaturiscono dal ricordo di una situazione personale e si incarnano nel ruolo di un dato passaggio. Ma da qualche anno, soprattutto dopo la morte di Moreno, si è cominciato a sviluppare una catarsi di capovolgimento di ruolo, vale a dire dentro il ruolo di un altro da sé, dentro la situazione dell'altro.

La ricerca della catarsi dipende anche molto dai differenti approcci. Zerka Moreno e collaboratori la utilizzano molto mentre la Schützenberger preferisce utilizzarla solo occasionalmente poiché a suo avviso le resistenze del soggetto sono attenuate, quando si trova nel ruolo di un altro, e questi viene pertanto invaso da una percezione differente della situazione.

Lo Psicodramma è dunque sia terapeutico che pedagogico e possiamo mettere l'accento tanto sulla terapia del profondo, quanto sulla pedagogia e l'apprendimento. La sua funzione è porre, esplorare e dipanare problemi.

---

[17]J. L. Moreno - Psychodrama I - New York Beacon House - 1946

Così, il paziente, protagonista dello psicodramma si presta a interpretare i ruoli abituali, perfezionare la maniera in cui si sostiene il proprio ruolo o approcciare situazioni nuove.

In quanto psicoterapia di gruppo questa si può integrare ed aggiungere ulteriore dimensione alla psicoterapia individuale, grazie all'eco del gruppo, che fa da cassa di risonanza ai problemi del protagonista.

Sociometria e Psicodramma, viaggiano insieme. Come preciserà Ottavio Rosati nell'intervista a lui fatta per sciogliere alcuni nodi del presente e del futuro dello psicodramma, bisognerebbe vedere il trionfo dell'invenzione di Moreno che è importante non solo sul piano della psichiatria, della medicina e della psicologia ma anche sul piano dell'estetica, dello spettacolo e del teatro; nel fatto che ha completamente contaminato tante altre tecniche di psicoterapia, per esempio quella sistemica.

Non ha molto senso dire che attualmente non ci sono molti gruppi di psicodramma o che in qualche nazione è più desueta rispetto ad altre tecniche. Basta pensare ad esempio che c'è una tale esplosione della terapia sistemico relazionale e che essa si basa e attinge a pieni mani dalla concezione originaria di Moreno.

Mai come adesso lo Psicodramma trionfa nel mondo. Lo dimostrano anche tutti gli studi che sono stati fatti sul piano transgenerazionale che porta il concetto di sistema anche nel tempo.

Bisogna saper leggere i tempi per comprendere quanto sia capillare la diffusione dello Psicodramma, comprendere cos'era, come è viva tutt'oggi e come si evolverà domani.

1.4 La scuola francese - A.A. Schützenberger

Un approfondimento essenziale quando si parla di Psicodramma deve Riguardare Anne Ancelin Schützenberger, allieva diretta di Moreno e tra i primi ad introdurre questa tecnica in Francia. Famosa psicoterapeuta e analista di gruppo, è stata professore emerito all'università di Nizza e la creatrice della psicogenealogia.

La psicoanalisi ci ha da tempo abituato a tener conto dei movimenti ignoti del nostro comportamento. Ma noi mal comprendiamo i ruoli che sosteniamo nel nostro ambiente diretto e nella società.

Recitare questi ruoli in un contesto protetto permette di riattivare i sentimenti sottostanti e di restituire alla persona la libertà d'azione e di spontaneità creatrice necessarie a qualunque adattamento sociale. Tale è lo scopo dello psicodramma.

Nella scuola francese sono state delineate alcune delle più importanti tecniche che la Schützenberger descrive nel suo manuale "Lo Psicodramma"[18] e delle quali, almeno per le principali, vorrei presentare una breve descrizione qui di seguito.

Amplificazione - Quando il soggetto parla in maniera indecifrabile, lo psicodrammatista può fargli da eco, con voce alta e comprensibile, ovvero mette l'intero gruppo in condizione di sentire e incita, inconsciamente, il soggetto ad alzare la voce. Lo psicodramma si gioca con il gruppo e nel gruppo, quindi l'auditorio deve ascoltare e vedere per partecipare.

---

[18] A.A. Schützenberger - Lo Psicodramma - Di Renzo Editore - 2008

A parte - Nel corso dell'azione si propone al protagonista di riferire a parte quello che ha vissuto, ma che non ha verbalizzato. Tecnicamente, il soggetto esprime ad alta voce pensieri e sentimenti ma girando la testa di lato, per meglio dissociare ciò che ha detto durante l'azione da quello che pensa ad alta voce, di modo che non si crei in lui, come nel gruppo, alcun fraintendimento possibile.

Coro antico - Il gruppo nella sua totalità è pregato di ripetere a tipo di eco e in coro, talune frasi o parole chiave, sottolineate dallo psicodrammatista. Oppure un sottogruppo di ego ausiliari gioca la parte del coro antico che si lamenta, rimprovera, accusa o applaude colui che si sta esprimendo.

Doppio espresso dal gruppo - Si utilizza la tecnica del doppio, ma a partire dal gruppo. Ciascuno resta seduto al proprio posto: una persona si esprime per il soggetto, anche lui seduto nel gruppo. Per esempio il gruppo si interroga sui sentimenti di un partecipante che parla poco e sembra tenersi in disparte. Il gruppo avverte che c'è del malessere e della sofferenza celata nel silenzio di questa persona. Ognuno allora può partecipare con lui e con il suo doppio. In genere quasi tutti i partecipanti intervengono nel dialogo, come anche lo psicodrammatista. Alla fine, il soggetto si esprime, se non altro per comunicare il suo accordo o il suo disaccordo sui sentimenti manifestati in sua vece.

Monologo - Il soggetto gioca da solo, esprimendo sentimenti, parlando, interpretando l'azione, i personaggi e tutto quanto è implicato nell'azione Moreno porta l'esempio di Buddha che ha vissuto in ricchezza, soddisfacendo i suoi bisogni ed ha incontrato la catarsi nella solitudine. Non è dunque necessario l'intervento del terapeuta in tal modo il monologo si differenzia dall'autodramma, dove lo psicodrammatista deve invece intervenire.

Ricostruzione - Questo processo è molto importante ed è effettuato durante la sessione in corso e quelle successive dal paziente. Ha una forte implicazione affettiva e comporta una catarsi, con una preparazione ai ruoli nuovi che dovrà sostenere e alle situazioni da affrontare. Lo psicodrammatista rielabora con il protagonista il processo di integrazione. Dopo un'emozione, un'implicazione, un ricordo del passato, di un periodo che rappresenta un ritorno affettivo, si arriva ad una regressione che gli permette di passare da un'accettazione esclusivamente intellettuale ad una vera e propria integrazione fondata sull'esperienza vissuta. Il soggetto si ricostruisce. Bisogna che lo psicodrammatista non lasci da solo il paziente, dopo questa sessione, bensì lo accolga e lo ascolti, al bisogno, affrontando la catarsi e l'angoscia derivanti da una sessione molto coinvolgente. Potrebbe essere ugualmente importante lasciarlo in pace e non importunarlo con domande o consigli. Moreno distingue la catarsi di abreazione da quella di integrazione,. Freud nelle sue note a margine equipara l'evoluzione della terapia della psicanalisi ad una sonata, nella quale lo stesso tema viene ripreso più volte su registri differenti, prima del finale.[19]

Rovesciamento di ruoli - Anche questa rientra tra le tecniche più utilizzate e tra le prime alle quali ho avuto l'occasione di assistere durante il tirocinio a Roma all' istituto di psicodramma ad orientamento evolutivo di Ottavio Rosati. Consiste in una inversione di ruoli. Nel corso dell'azione, tra A e B. A (il paziente) cambia ruolo, posizione, situazione e diventa B (personaggio fondamentale per A interpretato da B, membro del gruppo ed ego ausiliare in questo caso) e viceversa. Non si tratta di fare soltanto "come se", ma di tentare di "essere" l'altro, incarnando la sua pelle, il suo personaggio, i suoi sentimenti, attitudini fisiche, maniera d'essere. Il rovesciamento di ruolo è una realtà, tanto per i protagonisti che per l'auditorio. Secondo Moreno, è durante il

---

[19] D. Leander - La question du genre, et autres essais psychanalytique - Parigi - Payot - 2001

rovesciamento dei ruoli che avviene l'incontro, quando si vede con gli occhi e si parla con la bocca dell'altro.[20] Da qui la famosa frase che viene spesso citata: « *Je t'arracherai les yeux et les mettrai à la place des miens et tu m'arracheras mes yeux et les mettras à la place des tiens [...] Et je verrai le monde par tes yeux et tu le verras par les miens dans un échange vrai, Et nous nous rencontrerons*[21]. »

Scultura - In questa tecnica il paziente viene invitato a fare una vera propria scultura ad esempio della sua famiglia. Prende degli ego ausiliari dal gruppo e facendo assumere loro una posizione fisica consona ai sentimenti ed all'interazioni che devono impersonare. Tramite questa tecnica è possibile far parlare la scultura, si può dialogare o discutere e si può integrare con la tecnica degli "a parte" o dei "rovesciamenti di ruolo".

Soliloquio - Potremmo definire il soliloquio come un monologo della situazione. Il soggetto riflette ad alta voce e associa liberamente, sulla base dell'azione drammatica che ha interpretato e che arricchisce di pensieri, sentimenti che non è riuscito a esprimere nel dialogo, durante il gioco drammatico. Il soliloquio differisce dalla tecnica "a parte" perché avviene dopo l'azione e non durante, resta più riflessiva e meno brusca. Questo tipo di azione porterà il protagonista a rapportarsi con le differenti parti che compongono l'io in un vero e proprio dialogo a più attori interni.

---

[20] J. L . Moreno - Motto dell'incontro - Psicoterapie de Group et Psychodrame - Parigi. - PUF - 1965

[21] G. Boria - Spontaneità ed Incontro - Upsel Editore - Milano- 1991 "E quando mi sarai vicino lo prenderò i tuoi occhi e li metterò al posto del miei, e tu prenderai i miei occhi e li metterai al posto del tuoi, e allora io ti guarderò coi tuoi occhi e tu mi guarderai coi miei. Ci incontreremo veramente"

La durata dello psicodramma può essere spesso molto dilatata, per questo si è evoluta la tecnica *"vignette"*. Essa consiste in uno psicodramma molto corto, in genere di pochi minuti. Questo metodo consente a tutti i partecipanti del gruppo psicoterapeutico di mettersi in gioco per qualche minuto. Può essere molto utile soprattutto all'inizio della formazione di nuovi gruppi.

Una serie di *vignette* può essere anche proposta ad un gruppo più maturo e che esiste già da tempo. Per esempio a seguito di uno psicodramma lungo e molto coinvolgente dove alla fine ogni partecipante del gruppo potrà far seguire una propria vignette. Questo può rafforzare molto la coesione del gruppo e portare il paziente ad *insight* e catarsi dovute alla sensazione di una presenza del gruppo vera e autentica.

Queste e molte altre sono le tecniche che la Schützenberger descrive accuratamente nel suo manuale che è un pilastro essenziale per la formazione dei futuri psicodrammatisti.

Il prossimo capitolo tratta estemporaneamente la problematica del gruppo terapeutico in rete. Essendo lo Psicodramma a tutti gli effetti una psicoterapia di gruppo, trovo essenziale trattare questo argomento come se fosse un "A parte" ma allo stesso tempo il corpo centrale della problematica sul futuro delle psicoterapie.

Per scriverlo mi sono affidato a colui che viene definito lo studioso per eccellenza di queste problematiche, il dottor Weinberg che ha prodotto una vasta letteratura scientifica sull'argomento con fonti fruibili gratuitamente e facili da trovare sulle piattaforme più autorevoli che raccolgono la ricerca universitaria e della comunità scientifica.

2. IL GRUPPO TERAPEUTICO IN RETE

2.1 La terapia in rete e la pandemia

Sebbene la terapia online non sia una novità, la pandemia di COVID-19 l'ha drammaticamente potenziata e legittimata, soprattutto nel campo della terapia di gruppo. I terapeuti di gruppo sono stati costretti a trasferirsi online senza una formazione sufficiente. I gruppi online non sono la stessa cosa che incontrarsi di persona e presentano ostacoli e sfide specifici che dovrebbero essere compensati o riconosciuti come perdite.

Nei suoi articoli, Weinberg, riassume questi ostacoli, identificando i fattori nella terapia di gruppo, come ad esempio l'interazione corpo-corpo, che sono assenti online e suggerendo modi per compensare le differenze, come anche il ridotto controllo del terapeuta.

Sorprendentemente, alcuni membri del gruppo possono trarre vantaggio dai gruppi online più che da quelli di persona, ma il formato online non è per tutti. La ricerca sulla terapia online ha già dimostrato l'efficacia di questo formato e l'alleanza terapeutica che è positivamente correlata ai risultati sembra essere realizzabile anche online.

Tuttavia, sono necessarie ulteriori ricerche, in particolare sulla coesione nei gruppi online, che sembra svilupparsi più lentamente dei gruppi classici. L'autore racconta di quando per redigere un articolo sulla terapia di gruppo online una rivista del settore lo contattò nel Novembre 2019, quasi profetizzando quanto questo argomento sarebbe diventato così necessario, urgente e in voga da Marzo 2020.

Se la psicoterapia di gruppo, scrive Weinberg, è stata considerata come "la cugina povera" da molti terapeuti individuali, prima della pandemia di COVID-19 lo stato della terapia online e soprattutto dei gruppi online era ancora peggiore.

I terapeuti che guidano i gruppi online sono stati disprezzati da molti professionisti. Molte obiezioni sono state espresse a questa nuova modalità.

Eppure la terapia di gruppo online può facilmente soddisfare la definizione di Foulkes di analisi di gruppo come "una forma di psicoterapia praticata dal gruppo nei confronti del gruppo, ivi incluso il suo conduttore". Non ci sono ancora abbastanza ricerche per valutarne l'efficacia e non ci sono linee guida chiare su come farlo "bene".

Con lo scoppio della pandemia di COVID-19 è diventato ancora più cruciale fornire ai medici un'adeguata revisione della ricerca e linee guida pratiche. L'autore vuole fornire attraverso queste divulgazioni, delle raccomandazioni pratiche nonostante la ricerca limitata allo stato attuale. Nelle seguenti sezioni vengono presi in considerazione degli aspetti fondamentali di questa problematica.

L'avvento della pandemia

La crisi mondiale del 2020 della pandemia di coronavirus (COVID-19) ha colpito la vita di tutti noi.

Milioni di persone si sono ammalate, migliaia di persone sono morte, le persone sono state rinchiuse nelle loro case per settimane, private della vicinanza fisica con i loro cari e l'ansia è salita alle stelle.

La difformità di gestione tra stati e la distribuzione costante e preoccupante di dati difficili da tradurre nell'immediato hanno contribuito a diverse forme di ansia in gran parte della popolazione.

Ad esempio, *i Centers for Disease Control and Prevention* hanno scritto: "La pandemia di coronavirus 2019 (COVID-19) può essere stressante per le persone. La paura e l'ansia per una nuova malattia e per ciò che potrebbe accadere possono essere opprimenti e causare forti emozioni negli adulti e nei bambini".

L'evidenza ha ha suggerito che i sintomi di ansia e depressione sono reazioni psicologiche comuni alla pandemia di COVID-19 (Rajkumar, 2020).

I terapeuti che non avrebbero mai pensato di partecipare alla telemedicina sono stati coinvolti in essa. Nel giro di pochi giorni o una settimana, senza conoscenze e preparazione sufficienti.

Persino i terapeuti di gruppo, hanno dovuto spostare online le loro sessioni con i clienti ed i membri del gruppo.

Stavolta, di necessità virtù, una scelta obbligata non ha potuto subire condanna. Gli articoli di Weinberg presi in esame per questo paragrafo sono stati scritti mentre la crisi continuava.

All'inizio, la negazione della gravità della situazione era onnipresente. Anche quando è diventato chiaro che il problema avrebbe avuto un impatto su persone al di fuori della Cina, molte persone, per non parlare dei governi, hanno negato la minaccia e hanno reagito lentamente.

Ci è voluto del tempo per comprendere l'impatto di lunga data sul nostro mondo futuro, come l'erosione dell'illusione di stabilità e sicurezza che le persone avevano ancora in questo mondo travagliato; le conseguenze per l'economia globale, come la chiusura di imprese e la perdita di posti di lavoro; l'effetto sul tempo libero (voli e viaggi).

Non lo avremmo mai creduto ma sono cambiati priorità e valori per gli esseri umani. Il mondo della psicoterapia non è diverso o immune dall'impatto della pandemia.

Adeguarsi alla nuova situazione e comprendere che la telemedicina è ormai un fatto necessario della vita professionale non è facile per molti professionisti.

La terapia online era considerata sacrilega da molti che disprezzavano i terapeuti che lavoravano online e ne sostenevano l'utilità[22] (vedi Essig, 2010: Attenzione: la "terapia online" non è una terapia, non proprio). Gli psicoanalisti affermavano: "Questa non è psicoanalisi". Ad esempio, Gillian Russell (2015), nel suo eccellente libro Screen Relations, ha scritto: "Un letto non è un divano e un'auto non è uno studio".

Nel mondo della terapia di gruppo, gli analisti di gruppo hanno sostenuto con veemenza che i gruppi online non potevano essere "analisi di gruppo" (Tjelta, 2020).

Interessante è notare che ad esempio per la terapia cognitivo comportamentale, il passaggio alla terapia online sia stato molto più facile, perché tutto ciò che i professionisti dovevano fare era adattare le loro tecniche a Internet (vedi Cartreine, 2015).

---

[22] Essig - Psychology today - 2010

Un recente sondaggio ha rivelato che delle oltre 2.000 *American Psychological Association* (APA) medici membri che hanno risposto, tre quarti (76%) hanno affermato che ora forniscono esclusivamente servizi a distanza (American Psychological Association, 2020).

La quadratura del cerchio

L'adeguamento alla terapia di gruppo online sembrava ancora più difficile. "Come possiamo quadrare il cerchio?" si chiedevano i terapeuti di gruppo.

Questi che non avevano mai pensato ai gruppi online hanno dovuto spostarsi in rete rapidamente e senza un'adeguata preparazione. Il recente sondaggio di Békés e Aafjes-van Doorn (2020) sui terapeuti che sono passati alla terapia online ha rilevato livelli più elevati di dubbio personale professionale tra i terapeuti dopo essersi trasferiti online.

Forse la formazione può ridurre l'insicurezza e aumentare le abilità nel lavoro online. Il passaggio dal cerchio dell'ufficio allo schermo richiede nuove conoscenze e formazione. Tuttavia, ci sono molti avvertimenti contro una transizione così rapida.

I terapeuti di gruppo hanno dovuto affrontare le resistenze dei loro clienti e le loro stesse esitazioni. Gli psicoterapeuti di gruppo hanno storicamente sostenuto che la psicoterapia di gruppo è considerata una specialità che richiede una formazione specifica.

La psicoterapia di gruppo è stata riconosciuta dall'American Psychological Association come specialità nel 2018.

Se gli psicoterapeuti di gruppo affermano che la terapia individuale è diversa dalla psicoterapia di gruppo, la stessa considerazione dovrebbe valere per il passaggio dal cerchio allo schermo.

Sebbene i gruppi online assomiglino ai gruppi di persona, alcune importanti differenze non dovrebbero essere ignorate.Tra i vantaggi dei trattamenti basati su Internet vi è anche che possono essere meno stigmatizzanti, in base alla cultura, all'etnia, ai valori o alla razza dell'individuo.

Sarebbe più facile incontrarsi online se ci si sente ambivalenti riguardo alla partecipazione alla terapia. Inoltre i gruppi online fanno risparmiare tempo e denaro, perché si può farlo da casa.

D'altra parte, alcune persone non hanno un computer a casa o accesso alla tecnologia. Gli anziani possono sentirsi sopraffatti dalla tecnologia e dall'uso dei computer, eppure sono i soggetti più a rischio durante il COVID-19, data la loro età, salute e spesso isolamento.

Sulla base dell'esperienza lo scrittore (Weinberg, 2020), dice che quando i terapeuti di gruppo si spostano dal cerchio allo schermo si stanno spostando dal cerchio al quadrato (perché spostarsi online sembra far quadrare un cerchio).

Quando ciò avviene i professionisti devono considerare quattro possibili ostacoli e trovare modi creativi per superarli: gestire la cornice del trattamento, l'ambiente disincarnato, la questione della presenza e lo sfondo trasparente. Questi ostacoli vengono illustrati nelle prossime pagine in modo molto chiaro, riassumendo le loro spiegazioni che Weinberg da nei suoi articoli sulla terapia di gruppo online.

<u>**Teleterapia individuale: risultati della ricerca**</u>

In generale, la telemedicina è stata ritenuta appropriata nel ridurre il carico di problematiche alla salute mentale data dal COVID-19 (S. Liu et al., 2020; Zhou et al., 2020). Una meta-analisi sulla terapia assistita da telefono di Castro et al. (2020) ha anche affrontato la questione dell'adesione online (i clienti abbandonano e frequentano alla stessa velocità?). Hanno scoperto che la psicoterapia fornita dal telefono può essere una strategia efficace per ridurre i sintomi della depressione.

Barak e Grohol (2011) hanno esaminato e sintetizzato la ricerca nel 2011 per gli interventi di salute mentale online e hanno scoperto che c'erano forti prove a sostegno dell'uso efficace e dello sviluppo futuro di una varietà di applicazioni di salute mentale online.

In una precedente meta-analisi, Barak, Hen, Boniel-Nissim e Shapira (2008) hanno scoperto che un confronto tra l'intervento faccia a faccia (F2F) e l'intervento su Internet non ha rivelato differenze di efficacia.

Uno studio di meta-analisi più recente (Carlbring, Andersson, Cuijpers, Riper e Hedman- Lagerlöf, 2018), che confronta F2F e la terapia comportamentale cognitiva basata su Internet (ICBT) ha indicato che il trattamento ICBT e F2F producevano effetti complessivi equivalenti .

I risultati della ricerca suggeriscono generalmente che la terapia di elaborazione cognitiva fornita tramite videoconferenza può essere efficace quanto di persona nel ridurre la gravità dei sintomi del disturbo post-traumatico da stress.

La terapia in videoconferenza è risultata efficace per i disturbi d'ansia (Berryhill, Halli-Tierney, et al., 2019) e per la depressione (Berryhill, Culmer, et al., 2019). Varker e coll. (2019) hanno concluso che ci sono prove sufficienti per supportare la video teleconferenza e gli interventi telefonici per le condizioni di salute mentale. Andersson (2018), un noto ricercatore in questo campo, ha riassunto la sua esperienza affermando che gli interventi su Internet funzionano per molte condizioni, hanno effetti a lungo termine e possono essere efficaci quanto la terapia F2F.

Teleterapia di gruppo: risultati della ricerca

Per quanto riguarda i gruppi online, la ricerca è più scarsa. Weinberg ha cercato sulle piattaforme ufficiali PsycNET, Google Scholar e PubMed usando il termine gruppo online e trovando solo poche decine di articoli. La ricerca sulla terapia di gruppo online è ancora agli inizi e sono necessarie molte più ricerche per determinare l'efficacia dei gruppi online per individui diversi con diversi problemi. Sebbene alcune delle ricerche sui gruppi di supporto tramite chat online si basino su studi randomizzati controllati di qualità da buona a media, gli studi sui gruppi video sono rari e non abbastanza basati su studi randomizzati di controllo. Molti aspetti del lavoro di terapia di gruppo online richiedono ulteriori ricerche. Alcune delle domande che dovrebbero essere studiate sono: la coesione di gruppo o il clima di gruppo è simile nei gruppi online rispetto a quelli F2F Alcuni pazienti potrebbero stare meglio nei gruppi online rispetto a F2F? L'empatia del terapeuta e la presenza terapeutica è equivalente nei gruppi online rispetto a quelli F2F? Poiché non c'è abbastanza ricerca di buona qualità per informare i clinici l'autore fornisce impressioni sugli ostacoli che i terapeuti di gruppo online dovrebbero superare, sulla base delle proprie esperienze e raccomanda che queste impressioni siano oggetto di ricerche future.

2.2 Gruppi online e pazienti

I gruppi online possono essere suddivisi in due categorie: gruppi sincronici (in cui ogni partecipante è online contemporaneamente) e gruppi asincroni (in cui i partecipanti possono connettersi al gruppo in momenti diversi). Di solito si tratta di videoconferenze, utilizzando piattaforme che consentono la comunicazione sia audio che video (es. Zoom, Vsee).

I gruppi asincroni di solito utilizzano forum Internet (ad es. Gruppi Google), sebbene possano anche utilizzare piattaforme di messaggistica istantanea (ad es. WhatsApp) e si basano solo su messaggi di testo.

La maggior parte dei terapeuti di gruppo è passata a gruppi sincronici in seguito alla recente crisi pandemica e quindi si concentrerà maggiormente su questi tipi di gruppi. Vi sono anche alcune prove che la qualità della ricerca sulla terapia asincrona non è elevata, mentre la qualità della ricerca per la terapia fornita in modo sincrono è buona (vedi Varker, Brand, Ward, Terhaag e Phelps, 2019).

L'autore vanta un'esperienza di gruppi online iniziata 25 anni fa (nel 1995) quando aprì una mailing list elettronica online per psicoterapeuti di gruppo in tutto il mondo.

Erano i primi giorni della rivoluzione di Internet, molto rapidamente, 400 terapisti di gruppo provenienti da 30 paesi si sono uniti a questo forum. Il format era basato sullo scambio di e-mail e lo scopo del gruppo era incoraggiare lo scambio di idee tra colleghi che condividevano l'interesse per la psicoterapia di gruppo.

Presto si notò che alcune delle dinamiche sul forum somigliavano a processi tipici dei piccoli gruppi terapeutici, sebbene chiaramente non fosse un gruppo terapeutico, mentre altre dinamiche ricordavano maggiormente ciò che accade nei grandi gruppi (vedi Weinberg & Schneider, 2003).

Come risultato di questa esperienza l'autore scrisse il suo primo articolo sulle dinamiche di gruppo nei forum online, pubblicato sull'International Journal of Group Psychotherapy nel 2001 (Weinberg, 2001).

L'esperienza del dottor Weinberg con i gruppi basati su video online (principalmente Zoom) è iniziata molto prima che molti suoi colleghi nel campo della salute mentale sapessero cosa fosse una piattaforma Zoom. Dovendo dirigere un programma di dottorato internazionale con una componente online egli stava cercando una piattaforma adeguata per facilitare le lezioni online.

Nel testarlo con i suoi studenti sembrava funzionare bene. Le persone erano in grado di aprirsi, rivelarsi, interagire, relazionarsi l'una con l'altra a un livello profondo, proiettare e sperimentare il transfert verso il leader del gruppo e gli altri membri del gruppo.

In breve, le dinamiche di gruppo online sembravano simili a quelle che sapevo dai gruppi di persona. Tuttavia, c'erano alcuni avvertimenti e ostacoli da superare. Bisogna ricordare che il cyberspazio è un vasto spazio aperto con confini labili.

I terapeuti di gruppo non possono presumere che la riservatezza strettamente custodita nell'ufficio di consulenza venga mantenuta online; pertanto, i terapeuti devono essere molto più cauti e adottare più misure per assicurare la riservatezza del cliente.

Non tutte le piattaforme di videoconferenza sono conformi, quindi prima di utilizzare qualsiasi applicazione per la terapia online, il terapeuta dovrebbe assicurarsi che sia conforme. Molte norme sono state temporaneamente revocate durante il periodo dell'emergenza COVID-19.

Negli USA, quando i terapeuti iniziano la loro pratica online, l'APA consiglia di chiedere ai loro clienti di firmare un diverso consenso informato che includa i rischi ed i benefici della terapia online (vedi Recupero & Rainey, 2005).

Per essere preparati alle situazioni di emergenza, dovrebbero chiedere ai clienti e ai membri del gruppo la loro posizione fisica durante il trattamento online, in modo che il terapeuta possa dirigere i servizi di emergenza se necessario.

Ricerca sui gruppi online

La telemedicina non è nuova e la teleterapia esiste da almeno 20 anni. Tuttavia, la terapia online ha raggiunto il suo maggiore utilizzo durante la pandemia. È ormai chiaro che l'alleanza terapeutica è il più importante predittore di esiti positivi in tutte le psicoterapie quindi bisognerebbe esaminare se l'alleanza terapeutica è possibile online.

Gli studi confermano che l'alleanza terapeutica più forte si verifica in situazioni in cui terapeuta e cliente sono d'accordo sugli obiettivi e sui compiti della terapia e che l'alleanza terapeutica è correlata alla qualità della relazione che si sviluppa durante la terapia.

L'accordo sugli obiettivi e sui compiti può essere facilmente raggiunto online discutendoli prima di iniziare il gruppo, nella riunione di preparazione online in cui viene discusso l'accordo di gruppo.

Simpson e Reid, in una rassegna di studi che misura l'alleanza terapeutica nelle riunioni di videoconferenza, affermano che "gli studi hanno supportato in modo schiacciante l'idea che l'alleanza terapeutica può essere sviluppata in psicoterapia rispetto alla videoconferenza".

Nei gruppi, la coesione è la migliore manifestazione della relazione terapeutica, il che significa che nella psicoterapia di gruppo il miglior predittore di esito positivo è la coesione di gruppo. I membri del gruppo che riferiscono più relazioni, accettazione e supporto riferiscono anche un miglioramento più sintomatico.

La coesione del gruppo è stata anche collegata alla diminuzione dell'abbandono prematuro. Sfortunatamente, la ricerca sulla coesione nei gruppi di terapia online è stata rara, ad eccezione di alcuni rapporti che concludono che, nei gruppi di supporto online, la coesione e la fiducia di gruppo si sviluppano dalla rassicurazione che ciò che accade nel gruppo rimane nel gruppo.

Nell'esperienza dell'autore, la coesione di gruppo può svilupparsi nei gruppi online, ma lo sviluppo è più lento rispetto ai gruppi di persona.

Le ragioni sono molte: le connessioni Internet sono difettose e variano in termini di chiarezza tra i membri; solo una persona alla volta può parlare (forzando una narrazione di gruppo innaturalmente lineare); i membri sono spesso più resistenti alle forze regressive che sono attive nei gruppi (perché la regressione crea bisogno e quindi mette in evidenza l'essere soli, sofferenti, in una stanza con solo il loro computer); i membri possono essere inibiti dalla presenza di familiari in casa; i transfert intorno all'abbandono possono essere intensificati; le difese dissociative possono essere intensificate dalla natura di un gruppo online.

<u>Non per tutti ma meglio per qualcuno</u>

L'autore mette in luce come l'improvviso passaggio dalla terapia di gruppo di persona a quella online causato da COVID-19 nel marzo 2020 ha creato una rara opportunità per uno studio spontaneo e non pianificato che confronta la terapia di gruppo prima e dopo il cambiamento.

Con sorpresa viene scoperto che alcuni membri del gruppo sembravano funzionare meglio nei gruppi online di quanto non facessero di persona. Questi erano membri del gruppo che avevano difficoltà specifiche nelle relazioni strette. L'intimità che si sviluppa nei gruppi che si incontrano di persona li spaventa e li intimidisce così tanto che si ritirano e hanno solo un coinvolgimento emotivo limitato nel gruppo.

Marmarosh e colleghi hanno scritto che i membri del gruppo evitanti e sprezzanti tendono "a respingere i benefici del gruppo, a concentrarsi sui loro obiettivi personali rispetto agli obiettivi del gruppo e ad avere atteggiamenti negativi nei confronti dei gruppi a cui appartengono".

Secondo l'esperienza dell'autore, alcuni di questi individui si sono sentiti meno inondati dalle loro emozioni nei gruppi online. Hanno partecipato più verbalmente e sono stati in grado di connettersi e diventare più aperti online.

Alcuni clienti con ansia sociale, che hanno paura delle critiche di gruppo e che si sono ritirati dal gruppo di persona, hanno percepito la barriera dello schermo come protettiva e sono diventati più coinvolti quando si sono trasferiti online.

I clienti con complessi traumi relazionali spesso lottano molto con il formato, perché, ad esempio, la presa relazionale implicita è meno sentita ed è più dipendente dal linguaggio.

La risonanza limbica è molto più difficile da ottenere online e questa assenza colpisce i clienti che manifestano condizioni pre-edipiche e preverbali più di quanto non influisca sugli altri clienti.

I gruppi online potrebbero non essere appropriati per le persone in crisi acuta. La regolazione degli affetti attraverso l'interazione corpo-corpo è quasi impossibile online. Tali pazienti di solito richiedono più tempo e attenzioni che il gruppo non può fornire, soprattutto online, è anche problematico contattarli quando è necessario un intervento in caso di crisi, dato che non sono fisicamente presenti. Pertanto, i clienti gravemente depressi con ideazione suicidaria non dovrebbero essere inclusi nei gruppi online.

D'altra parte, ci sono alcuni membri del gruppo che traggono vantaggio dalla partecipazione ai gruppi online più di quanto non abbiano partecipato alle riunioni F2F. Questi potrebbero includere persone con problemi di intimità che non mostrano miglioramenti sufficienti nel gruppo di persona.

Marmarosh, Markin e Spiegel (2013) hanno sottolineato che gli individui con uno stile di attaccamento sprezzante ed evitante spesso si impegnano in un'auto-miglioramento difensivo, con conseguenti esiti meno positivi e più abbandoni dalla terapia di gruppo.

L'ultimo fenomeno è stato riscontrato anche da Tasca e coll. (2006) e Kivlighan, Lo Coco e Gullo (2012).

Dall'esperienza dello scrittore, queste persone possono essere meno difensive online, protette dalla "barriera dello schermo" e possono guadagnare di più da questi gruppi. Inoltre, alcuni membri del gruppo con sintomi dissociativi potrebbero impegnarsi maggiormente nel processo di gruppo.

I gruppi F2F potrebbero essere emotivamente opprimenti per loro, mentre la partecipazione a gruppi online consente loro di ridurre l'uso delle difese dissociative. Alcuni possono anche avvertire un abbassamento della loro ansia nei gruppi online a causa della riduzione dell'immediatezza e del senso di autocoscienza che possono essere debilitanti nei gruppi f2f.

Ultimo ma non meno importante, Yalom e Leszcz (2020) hanno affermato che la terapia di gruppo, rispetto alla terapia individuale, consente ai clienti con disturbo borderline di personalità di ottenere una maggiore distanza dal terapeuta, diluendo così l'intensità del transfert.

È possibile che i gruppi online si sentano più sicuri per loro e consentano a questi clienti di lavorare meglio sui loro problemi di relazione, perché i loro problemi principali risiedono nella sfera dell'intimità.

2.3 Le sfide dei gruppi online

Alcuni autori come Lemma e Russel si sono impegnati molto per accertare se la terapia online è simile o diversa dalla terapia di persona. Non c'è dubbio che ci siano differenze importanti tra le due modalità. Basti pensare al movimento da tre dimensioni a due dimensioni.

La dimensione perduta può "appiattire" le relazioni online, rendendole meno profonde. In effetti, l'enfasi per i terapeuti di gruppo dovrebbe essere su ciò che è perso e su come possiamo compensare queste perdite.

Naturalmente, i terapeuti non possono compensare tutte le perdite e le sfide ma i vantaggi di condurre gruppi online, specialmente durante la pandemia, prevalgono sugli svantaggi. In effetti, il gruppo online può diventare un "oggetto eccitante" permanente.

Alcuni degli ostacoli possono essere considerati come l'acqua per il mulino (cioè, possiamo renderli utili per affrontare le difficoltà psicologiche), ma rimarranno mancanti altri fattori coinvolti nelle sessioni di persona.

I gruppi online pongono diverse sfide per il terapeuta. Il terapeuta deve conoscere queste sfide e considerare i modi per superarle.

Queste sfide sono state descritte e discusse in dettaglio nella pubblicazione Weinberg H, Rolnick A: Theory and Practice of Online Therapy: Internet- Delivered Interventions for Individuals, Fami- lies, Groups, and Organizations. New York, Routledge, 2020.

Nella psicoterapia psicodinamica, il setting è importante per creare un ambiente sicuro. Di solito, il terapeuta crea questo ambiente di contenimento mantenendo i confini dello spazio e del tempo e scegliendo i mobili e gli arredi.

Foulkes, il "padre dell'analisi di gruppo", ha coniato il termine "amministrazione dinamica", nel senso che le funzioni amministrative dell'analista di gruppo hanno implicazioni dinamiche. Ad esempio, la scelta di sedie diverse per i membri del gruppo trasmette il messaggio di status e privilegi diversi.

Quando si passa dal cerchio allo schermo, il terapista non controlla più l'impostazione. I membri del gruppo determinano se la porta della loro stanza sarà chiusa, su quale sedia siederanno e altre condizioni ambientali.

L'impostazione modificata è particolarmente importante quando si pensa al potenziale di confini liberi online e alla questione della riservatezza. Il modo per superare questa difficoltà non è presumere che i membri del gruppo conoscano la riservatezza e le corrette condizioni di impostazione.

Il terapeuta di gruppo può istruire i membri del gruppo su come creare il proprio ambiente e prepararli prima dell'inizio del gruppo.

L'autore pensa a questo "workout" sulla preparazione del Setting come un esercizio di coesione e questa problematica può prendere la forma di un'opportunità. Queste informazioni possono essere fornite durante la riunione di preparazione che è pratica standard nella psicoterapia di gruppo.

Come accennato in precedenza, l'incontro di preparazione può essere condotto online. L'impostazione della cornice per le riunioni di gruppo online può essere effettuata anche tramite istruzioni scritte aggiunte all'accordo di gruppo, ad esempio: "Si prega di predisporre una stanza tranquilla con piena privacy e senza interruzioni. Ciò include telefonate, e-mail o messaggi di testo durante la sessione".

I terapeuti di gruppo non dovrebbero ignorare la possibilità di un guasto di Internet o di altre interruzioni tecniche. Poiché tali interruzioni sono tecniche, dimentichiamo che queste disconnessioni possono avere un significato psicologico (chi incolpiamo per il fallimento?) o possono evocare alcune emozioni (ad esempio, abbandono). Ogni volta che la connessione Internet viene interrotta (totale disconnessione o breve interruzione solo del video o dell'audio), il leader del gruppo dovrebbe valutare l'impatto di queste interruzioni sui membri del gruppo.

In rete è ancora più facile che dal vivo, cadere nelle distorsioni interpersonali (cioè paratattiche) che tendono ad auto perpetuarsi. Ad esempio, un individuo con un'immagine di sé negativa e svilita può attraverso l'attenzione selettiva o la proiezione, erroneamente percepire un altro come una persona dura che lo respinge. Inoltre il processo si complica poiché questo individuo può gradatamente sviluppare manierismi e caratteristiche di comportamento, ad esempio servilismo, antagonismo difensivo o disprezzo, che alla fine faranno sì che gli altri diventino davvero duri e respingenti.

Questa sequenza viene comunemente definita "profezia che si auto avvera". Di questo concetto bisogna particolarmente fare attenzione in quanto terapeuti perché a distanza, gli elementi per individuare e scardinare questo concetto, sono meno evidenti e più complessi,.

La psicoterapia di gruppo online prevede un trattamento "non corporeo", perché i corpi fisici dei membri del gruppo e del terapeuta vengono percepiti solo visivamente e non attraverso altri sensi, come l'olfatto o le sensazioni somatiche. Anche l'intero corpo non si vede online; i partecipanti di solito vedono solo i volti degli altri membri del gruppo.

Questa limitazione diventa chiara quando si tenta di utilizzare il contatto visivo online. Questa è una vera sfida nell'applicazione dell'approccio neurobiologico interpersonale, che suggerisce che regoliamo gli affetti reciproci attraverso le nostre interazioni corpo-corpo. Tuttavia, le nostre sensazioni corporee rimangono intatte durante le interazioni online, ma mancano le interazioni tra i corpi.

Lemma si riferisce alla terapia online come al mantenimento di una "presenza incarnata" perché "nel cyberspazio siamo ancora incarnati. Ciò che cambia è la nostra esperienza dell'incarnazione nostra e dell'altro".

Le norme implicite delle relazioni e della comunicazione nella società occidentale presuppongono la compresenza di due corpi nell'interazione intima e terapeutica. Tuttavia, il quadro di riferimento analitico di gruppo utilizza il concetto di matrice di gruppo come uno dei fattori importanti che si aggiungono ai risultati terapeutici.

Questa matrice è definita come "l'ipotetica rete di comunicazione e relazione in un dato gruppo" e non si basa sulla presenza di corpi umani ma racchiude invece la natura della mente transpersonale e si riferisce a un'interfaccia relazionale. A vantaggio, bisogna ricordare che una parte del corpo, il viso, si vede meglio online che di persona, perché viene mostrata in primo piano.

Online, i terapeuti possono vedere meglio le espressioni facciali dei membri del gruppo rispetto a quando sono presenti in una stanza e se si insegna a noi stessi a leggere quelle espressioni e ad usarle bene nel gruppo, si può parzialmente superare questo ostacolo.

Relazionarsi alle espressioni facciali dei membri e interrogarsi sui loro significati può essere percepito come "vedere" i membri del gruppo; tuttavia, l'uso eccessivo di questa tecnica potrebbe essere percepito come invadente. Inoltre, il fatto che i membri del gruppo e i terapeuti online possano vedere i propri volti può essere inquietante per alcuni.

La questione della presenza ha impatto anche sul terapeuta stesso e la propria percezione. I terapisti di gruppo online possono sentire di perdere la loro presenza online. La presenza terapeutica può essere definita come portare tutto se stessi all'impegno con il cliente e essere pienamente nel qui ed ora con e per il cliente. La presenza del terapeuta di gruppo implica la sua immersione, passione, attenzione, coinvolgimento emotivo, *rêverie* e una prontezza a farsi coinvolgere negli atti.

Lemma ha scritto che la presenza è la percezione di trasformare con successo un'intenzione in azione. Geller e Greenberg descrivono la presenza terapeutica come lo stato di avere tutto se stessi nell'incontro con un cliente o un gruppo essendo completamente nel momento su più livelli: fisicamente, emotivamente, cognitivamente e spiritualmente. Sebbene sia più difficile creare questo tipo di presenza online a causa di varie distrazioni, resta possibile trasformare un'intenzione in azione.

I terapeuti di gruppo possono rafforzare la loro presenza aumentando l'uso della rivelazione di sé e soprattutto assumendosi la responsabilità dei propri errori e riconoscendo i fallimenti empatici.

Un altro modo per aumentare la presenza è chiedere ai membri del gruppo di usare la loro immaginazione. Ad esempio, in un gruppo online che utilizzava la videoconferenza, gruppo passato dal "di persona" al virtuale a causa della pandemia, uno dei membri del gruppo si è lamentato delle caselle che mostravano i membri del gruppo sullo schermo e ha detto quanto le mancava il cerchio di persone.

La terapeuta di gruppo le ha suggerito di immaginare il gruppo seduto in cerchio e le ha chiesto chi immaginava seduto accanto a lei e chi immaginava seduto dall'altra parte della stanza rispetto a lei. Questa fantasia ha portato a una lunga discussione nel gruppo sulle relazioni, l'intimità e la distanza tra i membri del gruppo trasformandosi da una difficoltà ad un vero e proprio atto terapeutico.

Distrazioni e lo sfondo trasparente

Guidare gruppi online richiede più energia e più autodisciplina rispetto a guidare gruppi di persona. È più difficile rimanere concentrati (sia per il terapeuta di gruppo che per i membri del gruppo) ed evitare di essere distratti da e-mail, messaggi telefonici o altri stimoli presenti nella stanza.

A causa di queste distrazioni, i leader del gruppo devono essere più profondamente consapevoli di questa difficoltà e dedicare più tempo ed energie per supportare l'apprendimento dei membri del loro gruppo.

Stranamente, i terapeuti di gruppo tendono a ignorare gli eventi che accadono negli ambienti personali dei membri del loro gruppo come se non accadessero. Se qualcuno entrasse nella stanza durante una sessione di gruppo di persona, i membri del gruppo e il leader percepirebbero immediatamente l'ingresso come una violazione dei confini e risponderebbero ad essa.

Tuttavia, quando qualcuno passa dietro a un membro di un gruppo in un gruppo online, in genere nessuno lo commenta, incluso il leader del gruppo.

I leader del gruppo dovrebbero essere addestrati a non ignorare l'ambiente di sfondo dei membri del loro gruppo e come includere tali eventi nei loro interventi senza far vergognare la persona coinvolta.

Quando qualcuno entra nella stanza di uno dei membri del gruppo, si raccomanda al terapeuta di attirare delicatamente l'attenzione dei membri del gruppo sull'interruzione. Di solito è sufficiente farlo una volta affinché i membri del gruppo si ricordino di non far entrare nessuno nella stanza durante una sessione di gruppo.

Il terapeuta dovrebbe anche occuparsi dell'aspetto dei clienti che chiamano dai loro letti, appaiono con la barba lunga o non lavati, o che indossano pigiami o abiti inappropriati rivelanti o sessualizzati. Questi problemi sono già abbastanza difficili da affrontare in un gruppo di persona. Poiché possono facilmente produrre danni narcisistici, questi problemi tendono a sembrare innominabili online e dovrebbe essere fatto uno sforzo per affrontarli.

L'autore propone una "vignette" di caso che riporto a seguito .

Dopo aver saltato la sessione precedente, Sarah è apparsa sullo schermo nella sessione successiva seduta sul sedile posteriore di un taxi e usando il suo cellulare per connettersi al gruppo. I membri del gruppo hanno espresso i loro pensieri sulla sua assenza dalla sessione precedente, ma nessuno ha menzionato che si trovava in un'auto con un autista. Il capogruppo ha chiesto se era l'unico a notare che Sarah era in un taxi al telefono e ha chiesto come si sentiva la gente al riguardo. Nora ha detto che era preoccupata per la riservatezza e non si sentiva al sicuro, al che Sarah ha risposto che andava bene, perché non conosceva l'autista. Questo commento ha fatto infuriare alcuni membri del gruppo che sentivano che Sarah non stava prendendo in considerazione la loro privacy. Fiona era preoccupata che Sarah non sarebbe stata in grado di connettersi emotivamente con il gruppo. Hella ha notato che Sarah non voleva perdere di nuovo questa sessione di gruppo e aveva fatto lo sforzo di connettersi, nonostante fosse in viaggio. Sarah è stata toccata da questa risposta empatica e ha riconosciuto di voler partecipare a un incontro importante ma di non voler perdere la sessione di gruppo. Ha chiesto al gruppo cosa fare. Nora voleva che Sarah lasciasse la sessione e tornasse la prossima volta. David ha detto che Sarah aveva violato l'accordo che avevano fatto tutti entrando nel gruppo. Il capogruppo ha suggerito a Sarah di lasciare la sessione di gruppo e di unirsi alla sessione successiva. Sarah si arrabbiò e gridò che il leader e il gruppo erano disumani e che non voleva più partecipare. Si è disconnessa ed è scomparsa dallo schermo. Alcune persone hanno espresso rabbia nei confronti di Sarah e del capogruppo. Altri temevano che sarebbero stati respinti anche loro se si fossero discostati dalle norme del gruppo. Il capogruppo ha incoraggiato l'espressione di tutti sentimenti, dicendo che la sicurezza riguarda la libertà di discutere di questioni difficili oltre a stabilire dei limiti. All'incontro successivo Sarah si presentò a casa, con sollievo di tutti. Il capogruppo ha suggerito di discutere i drammatici eventi della riunione precedente. Sarah ha ringraziato tutti per l'incontro precedente; aveva pensato molto a quello che era successo e alla sua forte reazione emotiva. Ha detto che ricordava di essere stata rifiutata dalla sua famiglia e dai coetanei. Altri membri che si erano sentiti rifiutati per tutta la vita si sono immedesimati in lei e hanno condiviso i loro ricordi di rifiuto. Questi due incontri sono diventati un punto di svolta per il gruppo e hanno accresciuto la capacità dei membri di esprimere le differenze e di sentirsi sicuri nell'aprirsi.

<u>Resistenze alla terapia di gruppo online</u>

Passando dal cerchio allo schermo, ci si può aspettare la resistenza sia dei membri del gruppo che dei leader del gruppo.

Nella maggior parte dei casi, questa resistenza si forma perché il gruppo online si sente meno "reale". Tuttavia, i capigruppo conoscono bene l'argomentazione avanzata dai membri dei gruppi di persona secondo cui le relazioni nel gruppo terapeutico non sono reali.

Questa affermazione è di solito espressa quando la terapia diventa più intima come un modo per i membri di evitare di cambiare il loro comportamento e le relazioni al di fuori del gruppo, affermando che in realtà non possono sviluppare questo livello di intimità.

La stessa interpretazione può applicarsi agli eventi in cui i membri del gruppo online affermano che il formato online e le relazioni online non sono reali.

I terapeuti di gruppo dovrebbero distinguere tra gli ostacoli reali alla comunicazione online (che dovrebbero essere riconosciuti e convalidati) e l'uso di questi ostacoli per evitare di affrontare difficoltà psicologiche.

Weinberg riporta un caso clinico di terapia gruppale con queste problematiche che fa parte del lavoro a supporto di una nuova teoria necessaria per strutturare la terapia online e validarla in modo scientifico apportando probabilmente delle modifiche e riconoscendole pregi e difetti che la rendono differente dalla terapia F2F senza demonizzarla o sminuirla eccessivamente nei confronti di quest'ultima. Lo studio è citato nelle note e nelle fonti alla fine dell'elaborato.

La seguente "vignette" di gruppo presa da questo studio mostra un caso molto utile a comprendere alcuni aspetti fondamentali[23].

Cathy si è unita a un gruppo online dopo aver partecipato a un seminario intensivo con il leader a una conferenza. In quel seminario, era rimasta colpita dal leader e pensava che le avesse riservato un'attenzione speciale. Alcuni mesi dopo essere entrata a far parte del gruppo settimanale online, si è sentita delusa. Non si sentiva speciale come si era sentita nel seminario di persona. Ha detto qualcosa sulla perdita della sua attenzione nel gruppo, ma l'argomento non è stato esplorato. Poche settimane dopo, Cathy scrisse al capogruppo che stava pensando di lasciare il gruppo, perché era un gruppo online. Ha detto che non poteva costruire la connessione che era abituata a creare in un gruppo di persona. Ha aggiunto che non trovarsi nello stesso spazio fisico con altri partecipanti allo stesso tempo rappresentava una barriera per lei. Il capogruppo ha suggerito di sollevare questo problema per la discussione con il gruppo. Ha accettato e nella successiva sessione online ha detto al gruppo che non pensava che il formato online le si adattasse. Le reazioni dei membri del gruppo variavano dall'esprimere dolore, tristezza, irritazione. Non hanno suggerito di esplorare ulteriormente le sue motivazioni. Il capogruppo ha chiesto se ciò significasse che erano d'accordo sul fatto che la modalità online non consentisse una connessione reale. Un membro ha suggerito che forse altri problemi stavano bloccando la sua capacità di connettersi. Il capogruppo ha ricordato a Cathy quanto fosse stata delusa per non aver ricevuto abbastanza attenzioni da lui e si è chiesto se quella delusione fosse più significativa di quanto si fosse permessa di provare. Poi Nina ha detto: "Cathy, vedo che la connessione tra te e il

---

[23] Una versione di questa "vignette" è apparsa nella pubblicazione di Weinberg H: Online GROUP therapy - in search of a new theory - Theory and Practice of Online Therapy: Internet- Delivered Interventions for Individuals, Families, Groups, and Organizations. - New York - Routledge - 2020.

leader del gruppo è importante per te in questo momento, e voglio fare tutto il possibile per aiutarti ad averla". Cathy si mise a piangere e fu toccata da questo sacrificio. Ha condiviso che nella sua famiglia, sua sorella più giovane ha sempre ricevuto la piena attenzione di suo padre e desiderava dolorosamente un po di attenzione per sè. È rimasta scioccata dal fatto che questa "sorella" del gruppo non abbia interpretato il ruolo che si aspettava. Tutti i membri del gruppo sono stati toccati dalla generosità di Nina. Quando il capogruppo ha chiesto a Nina se poteva riflettere sulla sua motivazione, Nina ha detto di aver capito che anche Cathy era sua "sorella". Al momento della terapia di gruppo, il padre di Nina stava combattendo le fasi finali del cancro e Nina disperatamente chiedeva un rispecchiamento.

A volte la resistenza ai gruppi online è valida e basata sulla realtà e dovrebbe essere considerata seriamente. Alcuni ostacoli al processo non possono essere superati e devono semplicemente essere tollerati al servizio di un lavoro di gruppo online di successo.

Molto dipende dalla capacità dei membri del gruppo di tollerare queste barriere e di utilizzare ciò che i gruppi online possono offrire. Dovremmo considerare ogni cliente separatamente. Occorre prestare particolare attenzione alle questioni relative alla privacy e alla riservatezza.

Questi problemi non devono essere considerati come resistenze ma come problemi reali. I terapeuti di gruppo dovrebbero seguire i regolamenti del settore e i requisiti legali.

Nel prossimo capitolo tratterò dello psicodramma ai giorni d'oggi, di come sia evoluto dall'intuizione di Moreno anche in base alle variabili storiche e sociali trattate in questo capitolo come la pandemia e la democratizzazione della psicoterapia online insieme ad altri aspetti.

3. LO PSICODRAMMA AI GIORNI D'OGGI

3.1 Psicodramma oggi: una review

L'utilizzo dello psicodramma moreniano e la diffusione globale di questa psicoterapia ha prodotto una frammentazione di tecniche e procedure facenti riferimento ad uno stesso punto di partenza ma con declinazioni differenti tra loro.

Una review del 2018 ha quindi voluto indagare ed identificare le tecniche di psicodramma attualmente utilizzate per scopi di clinica e ricerca, estrarre e creare un elenco di tecniche fondamentali usate dagli psicodrammatisti che riflettono l'originale pensiero di Moreno e proporre una definizione operazionalizzata delle tecniche di psicodramma.

È stata quindi condotta una revisione secondo le linee guida PRISMA: lo strumento è costituito da una checklist di 27 item che ha l'obiettivo di guidare gli autori nel migliorare il reporting di revisioni sistematiche e meta-analisi (Maraolo, 2021). Lo strumento può essere utilizzato come traccia per il reporting di revisioni sistematiche di altri tipi di studi, in particolare quelli che valutano l'efficacia degli interventi sanitari.

La checklist PRISMA però non rappresenta formalmente uno strumento per valutare la qualità delle revisioni sistematiche (Moher et al, 2009).

Sono state quindi individuate nella review trenta tecniche generali di psicodramma moreniano su vari motori di ricerca scientifici, da cui sono state estrapolate undici tecniche comuni e fondamentali: il soliloquio, il doppio, lo specchio, l'inversione di ruolo, l'interpolazione della resistenza, la scultura, l'atomo sociale, gli oggetti intermedi, i giochi, la sociometria, il *role training*.

Queste tecniche fondamentali sono state poi discusse con una rete di esperti psicodrammatisti europei per garantirne il pieno consenso e favorirne la ricerca futura e l'applicazione alla formazione (Cruz, Sales, Alves, Moita, 2018).

Prima di definire le tecniche individuate in questa review appare utile descrivere gli strumenti su cui si fonda lo psicodramma di Moreno (Davì, dispense CdS):

- Il palcoscenico inteso in due declinazioni ovvero lo spazio fisico dedicato all'uditorio e quello dedicato al protagonista.

- Il protagonista, colui che mette in scena la storia, il membro del gruppo che pone un problema.

- Lo psicodrammatista che dirige lo psicodramma e guida utilizzando e organizzando il materiale emotivo che emerge dalla sessione.

- Gli ego ausiliari, attori secondari scelti per aiutare il protagonista a interpretare i ruoli. Vere e proprie estensioni del paziente e dello psicodrammatista.

- L'uditorio ovvero chi ascolta il protagonista e amplifica quanto ricevuto proponendo reazioni e commenti e fungendo da paziente collettivo.

Fondamentale è la catarsi ovvero quello stato emotivo che si traduce in azione e rende possibile la liberazione da conflitti interiori.

Possono essere distinte tre fasi dello psicodramma moreniano.

• La fase iniziale è di preparazione e ha l'obiettivo di favorire un clima di partecipazione e comunicazione spontanea tra i membri del gruppo. L'immagine classica di questa fase è la "passeggiata" nella quale si invitano i membri a camminare in cerchio mantenendo lo sguardo sui partecipanti stessi. Nella review presentata vengono identificati tra le varie tecniche "i giochi" come pratiche condivise dello psicodramma adducibili a questa fase. Come la passeggiata esiste un'ampia varietà di giochi che vanno dall'improvvisazione alla creazione collettiva, ma mantengono comunque come obiettivo; quello di esprimere liberamente il mondo interno e di esternare le fantasie attraverso la rappresentazione (Monteiro, 1998).

• La seconda fase è l'azione scenica che ne costituisce il fulcro operativo. L'azione è caratterizzata da una serie di strumenti e tecniche che hanno funzione di favorire la catarsi. Le tecniche individuate dalla review (Cruz, Sales, Alves, Moita, 2018) collocabili in questa fase sono dieci e costituiscono il nucleo stesso dell'azione psicodrammatica.

La prima consiste nel soliloquio: tecnica avanzata da Moreno (1987) dal teatro classico che ha il preciso obiettivo di "produrre catarsi", di promuovere la conoscenza di sé stessi. Il protagonista è quindi chiamato a esteriorizzare i sentimenti e i pensieri nascosti per rivelare livelli più profondi del mondo interpersonale.

La seconda è la tecnica del doppio: tecnica considerata da Moreno "antica come la civiltà stessa" (Cukier, 2002), consiste nel coinvolgimento di un Io-ausiliario che dà voce ed espressione a contenuti latenti del protagonista. Viene utilizzata per assistere il cliente nell'espressione di sentimenti e pensieri che tende ad evitare sia verbalmente che corporalmente e come veicolo per fornire suggerimenti e interpretazioni più efficaci.

Terza tecnica lo specchio: scopo di questa tecnica è promuovere la consapevolezza del protagonista del suo comportamento in varie situazioni, trasformarlo in uno spettatore di sé stesso (Lòpez, 2005). Viene utilizzata quando il protagonista non percepisce il proprio comportamento e c'è un *gap* tra l'immagine che ha di sé e quella che rimanda agli altri componenti del gruppo (Pio de Abreu, 1992).

La quarta in ordine è l'inversione di ruolo: tecnica base nella teorizzazione di Moreno (Rojas, 1997), è la tecnica più frequente da quanto emerge dalla review. La tecnica permette al protagonista di ottenere una percezione più accurata del pensiero dell'altro su di sé. Attraverso questa tecnica l'Io-ausiliario apprende il ruolo che gli è stato assegnato.

Quinta tecnica interpolazione della resistenza: tecnica poco conosciuta, può essere utilizzata per testare la capacità del protagonista di affrontare una situazione e sondare la spontaneità della risposta. Consiste nella modifica improvvisa da parte del regista della scena presentata dal protagonista e di conseguenza dei suoi elementi in gioco. Interessante in quanto può anche essere utilizzata per corroborare un'ipotesi diagnostica: se non si ottengono risultati, l'ipotesi deve essere abbandonata.

Il *role-training è la sesta tecnica evidenziata e* consiste nel ricreare situazioni della vita reale utili allo sviluppo ed addestramento del protagonista ma in modo protetto (Soeiro, 1995) .

La tecnica seguente è quella degli oggetti intermedi. Con l'attenzione a non fare riferimento a un concetto inizialmente identificato da Moreno (Rojas- Bermudez 2012) ma ad altri oggetti presenti sul palcoscenico (ad es. bambole, tessuti, maschere) che hanno funzione catalizzatrice ed espressiva.

Ottava tecnica in ordine è quella denominata di atomo sociale: fa riferimento al nuolco di tulli gli Individui, al nucleo di un "modello interpersonale amplificato dall'universo sociale" (Moreno, 1993). Consiste in una tecnica di presentazione del protagonista attraverso la quale egli presenta gli altri significativi della sua vita;

Penultima è la sociometria: facendo riferimento al concetto di "uomo animale sociale" (Aristotele, IV secolo A.C.) e strettamente connessa al concetto di atomo sociale, rappresenta per Moreno tutte le reti di connessione tra atomi sociali (Schützenberger, 1975). Può nel concreto essere utilizzata come tecnica, chiedendo ai partecipanti del gruppo di rappresentare le connessioni tra loro mettendo una mano sulla spalla dei vari compagni: Prende il nome di azione sociometrica (Fox, 2002).

Decima ed ultima di questa review la scultura. L'obiettivo di questa tecnica è quello di osservare la rappresentazione interna del regista e del gruppo da parte del protagonista. Gli viene quindi chiesto di costruire una figura (con persone e oggetti) che rappresenti il materiale per lui importante mentre il protagonista stesso viene rappresentato da un Io-ausiliario (Rojas, 1997).

Tornando alle fasi si passa quindi alla conclusiva.

<u>Fase della condivisione</u>. La terza ed ultima fase dello psicodramma è quella di condivisione, il momento in cui esplicitare l'accaduto. Questa terza ed ultima fase dello psicodramma di Moreno è una parte importante, forse essenziale all'interno della dinamica della psicologia di gruppo. Dovrebbe occupare all'incirca un terzo della durata ed è seguito da ulteriori prese di coscienza.

Questa terza fase ha diversi obiettivi, la Schützenberger la divide in cinque punti. Il primo è permettere al protagonista di uscire dal suo isolamento e confrontarsi, attraverso l'espressione dei sentimenti e delle esperienze altrui. In secondo luogo consentire al protagonista di beneficiare al degli altri e dei loro vissuti, circa il problema in esame e il suo modo di affrontare il ruolo. Il terzo punto è concedere a tutti i partecipanti di esprimere ciò che hanno provato (catarsi di gruppo). Il quarto consiste nel fatto che nello psicodramma di formazione, viene studiato anche l'aspetto tecnico del gioco di gruppo, il qui ed ora, e colui che ha giocato viene messo in relazione alla situazione e alla dinamica del gruppo. Infine uno scopo è anche permettere al gruppo di comprendere ciò che è accaduto al suo interno.

Al termine del gioco, o delle diverse e brevi scene interpretate, lo psicodrammatista si siede, in genere con gli attori, sugli scalini che portano dal palcoscenico alla platea, di fronte al gruppo; oppure ridiscende con gli attori all'interno del gruppo.

L'auditorio torna a quella che è una situazione assai frequente nella psicoterapia gruppale o nei gruppi di sensibilizzazione alle dinamiche gruppale, vale a dire lo scambio dei sentimenti provati da tutti coloro che hanno preso parte alla rappresentazione.

Dividiamo questa terza ed ultima fase dello psicodramma in due momenti particolari: l'eco personale (*sharing*) e le discussioni della sessione (*processing*).

Nel gruppo di psicodramma al quale ho assistito, il terapeuta definiva queste due fasi coi termini italiani "condivisione" e "commenti" ponendoli in due momenti ben distinti e dando sempre la priorità alla condivisione piuttosto che al commento. Ovviamente nel caso del gruppo dei tirocinanti si può implementare anche una fase di interpretazione e scambio di queste.

Descriviamo ora queste due fasi partendo dalla prima, quella dello *sharing*. Ciascuno esprime quello che ha provato e a volte anche quello che ha pensato in relazione particolare col proprio vissuto. Si comincia con coloro che hanno preso parte all'azione e si prosegue con l'auditorio che non ha partecipato all'azione se non con la propria attenzione e le proprie emozioni silenziose.

È opportuno che il maggior numero possibile di partecipanti possa esprimersi, ma non bisogna forzare le persone a parlare. È necessario evitare che il gruppo dia dei consigli al protagonista. Spesso, il gruppo esprime verbalmente la sua simpatia, o ancora, attraverso il silenzio, l'empatia e la comprensione. Può capitare anche che taluni parlino dei loro vissuti in situazioni analoghe si può allora rigiocare, in un'altra versione o in un'altra maniera, il problema esposto.

La seconda fase, quella del processing, è una vera e propria discussione della sessione: come sono stati interpretati ruoli, la spontaneità dei soggetti, la loro flessibilità e la verosimiglianza dei personaggi, in particolar modo nel suo dramma e nelle situazioni abituali di vita.

Ci si accosta soprattutto a ciò che accade nel gruppo. In questa fase è estremamente importante comprendere a fondo quello che è accaduto nel gruppo e fra tutti i suoi partecipanti sia nei momenti di azione che nei momenti di silenzio si verificano spesso risonanze profonde, reazioni psicosomatiche, sconvolgimenti interiori, presa di coscienza, cambiamenti profondi o angosce che non bisogna soffocare né tantomeno ignorare.

Non si deve mai sottovalutare la risonanza interiore di eventuali membri silenziosi del gruppo. In generale la totalità del gruppo è sempre coinvolta. È importante consacrare alla risonanza personale un tempo sufficientemente analitico soprattutto nelle sessioni di stampo Jungiano e Freudiano con terapeuti formati nella psicologia dinamica e analitica.

In questa fase per l'appunto si rivela l'importanza per lo psicodrammatista e la sua équipe della formazione personale e di gruppi di controllo e di supervisione, al fine di poter riconoscere la parte di transfert e controtransfert del gioco e della rappresentazione. Come scriveva Foulkes, nel gruppo il terapeuta è anche paziente e può giovare degli eventi dello psicodramma riconoscendo a volte le sue radici e i suoi contraccolpi nella vita da formatore, terapeuta, e psicodrammatista.

3.2 Diventare psicodrammatista

Secondo Moreno, per fare uno psicodrammatista, devono essere soddisfatte quattro condizioni: la competenza tecnica, una certa semplicità cordiale che permetta l'apertura all'altro, molto coraggio e l'immaginazione creatrice.

Gli analisti psicodrammatisti francesi aggiungono che è necessaria una conoscenza del sé acquisita mediante la psicoanalisi individuale, un percorso di psicanalisi di gruppo e una pratica sufficientemente lunga in un gruppo di formazione.

In Italia bisogna, come obbligo per poter esercitare questa tecnica con patologie riconosciute, ottenere il titolo di psicodrammatista in una delle scuole di specializzazione riconosciute dall'ordine e dal MUR.

Bisogna inoltre avere una ottima conoscenza della dinamica dei gruppi, al fine di ridurre al minimo il rischio di indurre inconsciamente, manipolare, aggredire o sedurre il gruppo, proiettare su di esso i propri problemi o impedire al gruppo e all'individuo di esprimersi.

La ricerca evidenzia inoltre quanto sia di vitale importanza che i terapeuti credano in se stessi e nell'efficacia del loro gruppo. È fondamentale per il direttore del gruppo alimentare e sostenere il senso della propria capacità terapeutica.[24]

Negli incontri iniziali con i pazienti e col gruppo bisogna condividere con loro questa convinzione e cercare di infondere in loro il nostro ottimismo.

----

[24] A. Puig e coll - Burnout Syndrome in Psychoterapists: a combative analysis of five nations - Psychological Services journal - 2014

L'importanza dell'ottimismo è un argomento molto importante anche negli studi del professor Accursio che viene citato più volte nei differenti ambito della terapia. Dalla psicanalisi alle più recenti ed innovative forme di terapia strategica breve.

Oggi l'ottimismo è riconosciuto come una risorsa della personalità normale e sana. L'ottimismo è un ingrediente essenziale per il benessere e il successo della vita di ogni individuo. Nel tempo sono state sviluppate molte teorie e ricerche empiriche sull'ottimismo.

I filosofi Epitetto e Democrito hanno riscontrato che la felicità non dipende dagli eventi che le persone si trovano ad affrontare ma dal modo in cui loro interpretano questi avvenimenti. Epitetto affermava "gli uomini non sono disturbati dalle cose, ma da ciò che pensano sulle cose".

Quindi il punto focale è il "modo di pensare": ognuno di noi ha il suo modo di guardare la vita, c'è chi nei momenti di difficoltà cerca di superare gli ostacoli con energia e positività e chi vive questi momenti con ansia e preoccupazione.

Gli studiosi hanno compreso che l'ottimismo non è vedere il bicchiere mezzo pieno, non risiede in frasi positive o immagini di successo ne tantomeno consiste nell'avere una positività ingiustificata verso il mondo, ma nel modo in cui si pensa alle cause di un evento, alle aspettative sul futuro e sulla volontà di non arrendersi di fronte alle avversità. Dunque l'ottimismo funziona attraverso il potere del pensiero non-negativo (Seligman).

Ottimismo e pessimismo sono due atteggiamenti verso le avversità e il futuro ma anche due modi di mettersi in rapporto con sé stessi e gli altri.

L'ottimista riesce a superare meglio le difficoltà perché è più aperto a nuove prospettive e può trasformare rapidamente uno svantaggio in un vantaggio; non incolpa gli altri dei propri fallimenti e si assume la responsabilità dei propri errori.

Il pessimista tende a notare i segnali sfavorevoli, a minimizzare eventi positivi e a massimizzare quelli negativi, a rimuginare troppo e viene sempre sopraffatto dalla rinuncia e dalla passività.

Ottimismo e pessimismo son in parte ereditabili in quanto sono influenzati da altri tratti di personalità come l'estroversione e l'introversione. La nostra identità personale si sviluppa lungo un continuum scandito dalle esperienze vissute, dalle percezioni degli eventi e dai tratti di personalità e ci sono differenze tra bambino, adolescente ed adulto.

Il bambino alla nascita dipende completamente dai genitori ma piano piano si separa acquisendo un maggiore controllo personale. Il senso di impotenza che inizialmente prova il bambino verrà sostituito con un senso di gratificazione e padronanza.

Le figure di riferimento hanno dunque il compito e la responsabilità di permettere al bambino di sperimentarsi gradualmente con situazioni sempre più complesse. Ad esempio l'esplorazione attraverso il gioco consente al bambino maggior controllo.

Durante il tirocinio nella scuola di Psicodramma di Ottavio Rosati a Roma, ho avuto la grande occasione di assistere a delle lezioni del professor Accursio sull'ottimismo. Ne è emerso che infondere ottimismo è una delle caratteristiche che un "bravo psicodrammatista" deve possedere.

Tra i molti strumenti essenziali per essere conduttori di gruppi di psicodramma, di sicuro devono far parte i metodi basati sui punti di forza come la psicologia positiva di Martin Seligman.

È doveroso che il terapeuta di gruppo agli esordi inizi un viaggio di auto esplorazione che duri per tutta la vita, un viaggio che può includere sia la terapia individuale che quella di gruppo, e anche l'apprendimento mediante il gruppo esperienziale.[25]

Una caratteristica fondamentale sulla quale vorrei porre l'accento è l'osservazione. Non si può fare una terapia di gruppo o uno psicodramma senza l'abilità allenata ad osservare.

Uno psicodrammatista deve essere innanzi tutto un osservatore discreto, attento e comprensivo di ciò che accade nel gruppo, in se stesso, nella relazione col gruppo e con ognuno dei suoi singoli componenti.

Lo psicodrammatista all'interno della sessione psicodrammatica è il promotore dell'azione, il regista della rappresentazione, l'analista del materiale emotivo via via emergente. Egli è soprattutto, colui che segue e promuovere il processo terapeutico del paziente/protagonista che recita se stesso nella scena.

Il termine direttore di psicodramma col quale spesso si definisce lo psicoterapeuta psicodrammatista esprime il ruolo attivo e propositivo che caratterizza la sua presenza all'interno del lavoro di una sessione.

---

[25] N. Sunderij - Group day:Experiential learning about group Psychotherapy - Academic Psychiatry notes - Academy of Toronto - 2020

Questa figura entra con tutta la sua personalità nel rapporto coi membri del gruppo, evitando quell'atteggiamento neutro, presente in altre forme di psicoterapia, che provocherebbe il suo massiccio investimento di fantasmi transferali da parte dei membri del gruppo.

Favorisce, invece, un'esperienza di rapporto umano diretto, immediato, permeato di emozioni, che possa configurarsi come modalità positiva di relazione interpersonale. Per risultare efficace, deve liberare la sua spontaneità e sentire un sincero interesse umano e professionale verso il protagonista ed i membri del gruppo.

3.3 Psicodramma in Italia - approfondimento su O. Rosati

In Italia uno dei nomi più influenti, pioniere dello psicodramma nel nostro paese è sicuramente Ottavio Rosati, psicanalista e regista è stato allievo diretto di Aldo Carotenuto, Paolo Aite, Claudio Modigliani, Nadia Neri e Stefano Carta. Si è formato allo Psicodramma analitico con i Lemoine alla Sept di Parigi e con Zerka Toeman Moreno al Beacon Institute in America. Come regista collabora sin da ragazzo con RAI 3 e diversi teatri stabili Italiani. Lavora sui rapporti di psicologia e spettacolo. Ha realizzato sociodrammi in ambito universitario e per aziende importantissime. Ha realizzato per l'Istituto Luce - Cinecittà i docufilm "La moda proibita" su Roberto Capucci e "Generazioni d'amore" su Fernanda Pivano.

Tra le tecniche psicodrammatiche inventate da Ottavio Rosati: "La scacchiera" e i "Bricconaggi" per completare la funzione della parola con l'immagine e portare la catarsi sui social.

La scuola di Psicodramma e Psicoterapia IPOD parte dai lavori su Moreno e Pirandello degli anni '80 ed ottiene il riconoscimento del MIUR nel 2010. Per RAI 3 e l'università Sapienza di Roma, realizza il programma "Da Soria nasce Storia", basato sul progetto di *psicocinema* teorizzato da Moreno negli anni 40 e sperimentato con Roberto Rossellini nel 1956.

Ho intervistato durante la scrittura di questa tesi Ottavio Rosati alla luce dei quesiti che trovo fondamentali ed ai quali una voce importante come quella del professore, può sicuramente dare degli spunti inaspettati ed illuminanti sulle varie questioni.

Dalla pagina seguente la trascrizione dell'intervista intercorsa tra me (FP) ed il professor Ottavio Rosati (OR).

FP: Buongiorno professore. Come le avevo accennato sto scrivendo la mia tesi di fine percorso per la LM51 in psicologia e volevo farle delle domande sul passato, presente e futuro dello Psicodramma.

OR: Buongiorno Francesco. Vai pure, ti rispondo con piacere.

FP: La prima domanda che vorrei porle è la seguente. Secondo Ottavio Rosati ci sono pazienti per i quali lo Psicodramma possa identificarsi come una tecnica particolarmente indicata o all'opposto se ci sono persone che non dovrebbero prenderlo in considerazione come terapia?

OR: No io penso di no, è un problema che è stato posto in diverse occasioni ed anche in alcune scuole di psicodramma. Una volta sentì dire dai coniugi Lemoine[26] per qualche misteriosa ragione che forse per i pazienti cosiddetti fobici non fosse indicato. Ma non vi era un'argomentazione abbastanza convincente a sostenere questa tesi. Il punto è che come tutte le tecniche, se viene utilizzato in funzione della competenza clinica generale del terapeuta funziona sempre. Il terapeuta deve avere una visione chiara e significativa del caso e questo non ha a che fare con la tecnica dello psicodramma stesso ma con la conoscenza degli studi della personalità.

FP: Mi sta dicendo che a parte studi non confermati, la discriminante maggiore nell'utilizzo delle tecniche di psicodramma non risieda tanto nella tipologia del paziente quanto in quella dello psicodrammatista.

---

[26] Lemoine - Eugénie Lemoine-Luccioni (1912- 2005) nota come Gennie, psicanalista, scrittrice, critica letteraria, traduttri- ce dal francese all'italiano. Ha lavorato con Jacques Lacan, è stata membro e vicepresidente dell'Ecole de la Cause freudienne. Paul Lemoine (1914-1990), psichiatra, psicanalista, pittore. Membro dell'Ecole de la Cause freudienne di cui ha ricoperto la carica di Presidente nel 1982. I coniugi Lemoine hanno contribuito alla nascita e alla diffusione dello psicodramma riletto alla luce delle teorie di Freud e di Lacan prima in Francia e poi in Italia. Hanno scritto insieme Lo Psicodramma, testo fondamentale di questa psicoterapia analitica.

OR: Si credo proprio di si, naturalmente poi è chiaro che deve essere articolato tenendo presente le caratteristiche del gruppo, il contesto ed anche la situazione unica e irripetibile nella quale ti trovi. Per esempio con i pazienti cosiddetti psicotici, si può fare psicodramma ma non qualunque genere e qualunque tecnica dello stesso. Si farà un genere di psicodramma dove le scene immaginarie o fabulate non sono eccessivamente "spinte" o intense, perché rischierebbe di attivare una confusione tra il simbolico e l'immaginario. Dipende proprio dalla sensibilità del clinico. Mettiamo caso che tu debba lavorare con una comunità di utenti tossicodipendenti. Lo psicodramma va benissimo ma dovrai farlo conoscendo le problematiche tipiche della tossicodipendenza, non lo farai come in uno studio privato ad una serie di pazienti di provenienza diversa. Nel caso del gruppo di tossicodipendenti lo psicodramma sarebbe accomunato da una diagnosi comune e quindi farà leva sulla conoscenza da parte del terapeuta dei problemi sociali, sanitari e anche caratteriali di chi si rivolge a quel tipo di comunità.

FP: Capisco. Dato che l'attenzione è rivolta alla preparazione del terapeuta vorrei a questo punto chiederle, chi dopo gli studi di psicologia e che sceglie di frequentare una scuola da psicoterapeuta/ psicodrammatista che caratteristica deve o non deve avere?

OR: Non è facile rispondere perché ci vuole tutta una vita per scoprire delle cose. Tutt'ora non ho in mano una risposta del tipo "questo funziona e questo no". Continuo a rendermi conto di quello che di positivo o efficace può essere fatto da alcuni conduttori come pure dei pericoli e dei limiti che possono emergere da altre persone che utilizzano questa metodologia. Direi che una considerazione ragionevole è che ogni terapeuta utilizzerà delle modalità di conduzione funzionali alla sua personalità oltre che alle sue competenze. Per esempio è chiaro che un soggetto introverso si potrebbe trovare a disagio con lo psicodramma ed è anche chiaro che un tipo di pensiero intellettuale, come direbbe un'analista di scuola Junghiana, potrebbe limitare alcuni operatori terapeutici dello psicodramma come quelli basati sull'empatia, la solidarietà, l'esortazione, come scrive Claude Loraine nel suo trattato di psicodramma infantile, per un problema personale di sua mancanza di dimestichezza. Tuttavia è anche vero che ho notato come nel corso di un processo di formazione professionale, automaticamente se le persone sono lasciate libere di esprimersi e sono incoraggiate a trovare se stesse in un percorso di individuazione, ogni studente troverà e svilupperà una tecnica ed una modalità che renderà i suoi gruppi piacevoli e interessanti. Per fare qualche esempio che mi arriva dal ripensare a degli studenti che sono passati dalla mia scuola, alcuni faranno ampio uso dell'empatia, su una comunicazione basata sull'umorismo o sul sentimento, condita con momenti di gioco e di abbraccio. Altri potrebbero per esempio sviluppare il lavoro con la musica. Ho avuto delle psicologhe che hanno ibridato lo psicodramma con la danza e nella fattispecie con il tango, applicandolo a soggetti non giovani che passavano soggiorni obbligatori in istituzioni che li proteggevano ma non attivavano dei momenti di incontro, di scambio, di gioco, di divertimento... e funzionava benissimo. Ricordo di un'allieva che lo ha applicato in strutture psichiatriche per pazienti gravemente menomati nella loro capacità di socializzazione ed ha ottenuto dei buoni risultati, In Toscana con Luciana Santioli[27] abbiamo utilizzato lo Psicodramma con delle operatrici di day hospital dove le famiglie portavano membri del nucleo famigliare non in grado di lavorare e studiare. Queste ragazze che per anni erano state sottoposte a uno stress molto mortificante, attraverso lo psicodramma hanno preso coscienza della loro frustrazione, dei problemi con la cooperativa per cui lavoravano. Si sono incontrate ed

---

[27] Psicologa e psicoterapeuta docente nella scuola IPOD di Ottavio Rosati

hanno ottenuto un miglioramento delle condizioni di vita degli assistiti di cui hanno parlato i famigliari dei pazienti a casa. Quindi c'era una trasmissione, il miglioramento, l'arricchimento della spontaneità e della sincerità e della presa di coscienza identitaria nelle operatrici sanitarie, finiva per riverberare positivamente sulla comunicazione tra le famiglie che inviavano i soggetti al day hospital e l'ambiente generale privato dove vivevano i soggetti stessi. Io credo proprio che non si dovrebbe mai stigmatizzare una condizione dicendo che in un determinato caso va evitato. Questo perché sarebbe basata sull'esperienza di qualcuno che non ha utilizzato lo Psicodramma in assoluto ma lo ha utilizzato come lo vedeva lui e se non ha avuto un successo brillante questo non vuol dire che un altro psicodrammatista con una diversa personalità, un diverso slancio, una diversa carica energetica e con lo stesso tipo di pazienti potrebbe ottenere risultati molto convincenti e incoraggianti. Dobbiamo avere una disposizione d'animo fiduciaria e ottimista. Quello che finora non è stato fatto potrebbe essere fatto nei prossimi anni di lavoro. Anche perché nel frattempo le cose maturano, evolvono. Noi sappiamo adesso grazie agli studi di terapia sistemica, delle cose sulla genesi e la terapia dell'anoressia mentale che ai tempi di Moreno erano sconosciute. Con dei gruppi di ragazze anoressiche nei nostri anni si potrebbe lavorare tranquillamente usando anche lo psicodramma. Si potrebbe utilizzare un approccio in cui si fa saltuariamente ricorso alle tecniche di psicodramma in alcune fasi della terapia.

FP: Ne emerge una grande versatilità dello Psicodramma. Da non inquadrare come cosa statica e granitica ma come qualcosa in evoluzione, fluido. Come sono fluidi la società o il genere.

OR: Ma certo, come fluida è anche la cultura, lo sviluppo della comunicazione sociale. Per esempio allo Yung Institute negli anni sessanta/settanta c'era un approccio generale di diffidenza sulle terapie di gruppo, basato su dei sacrosanti timori da parte di Yung che i gruppi riducessero la libertà dell'individuo riconducendo al minimo comune denominatore il processo di individuazione. Ma questa cosa ha alla base un grande equivoco. Yung non lo riferiva ai gruppi terapeutici quanto alle appartenenze gruppali di tipo ideologico e politico. Abbiamo sviluppato quindi negli anni novanta degli approcci al cosiddetto psicodramma Junghiano che utilizzano alcuni modelli, alcune teorie e visioni sugli archetipi di matrice Junghiana all'interno di una tecnica come quella di Moreno di gioco e di rappresentazione. Ovviamente Moreno ignorava all'inizio l'esistenza di un pensiero Junghiano. Eppure eccoci qui. Spetta alle nuove generazioni operare questi punti e questi collegamenti.

FP: Di questa grande versatilità o di possibili collegamenti vorrei parlare, dato che una parte del mio elaborato parla di una ipotetica connessione tra la tecnica psicodrammatica e i gruppi di tipo LGBT. Mi farebbe piacere sapere se nella sua carriera ha operato in questo senso.

OR: Io personalmente so che ci sono diverse applicazione a questo sopratutto negli USA e se si va a consultare la bibliografia generale dello psicodramma che si trova con un pò di fatica in internet, gli articoli non mancano. Articoli che descrivono questo genere di esperimenti e di incontri. Personalmente ho utilizzato sempre lo psicodramma in gruppi dove il fatto di avere una vita gay o bisex non costituiva assolutamente un problema. Quando invece lo costituiva ho utilizzato lo Psicodramma per aiutare le persone ad esprimersi prima nel gruppo, poi nella famiglia, poi nella società. Chiarendo che una catarsi tecnica fatta nella psicoterapia poi deve diventare una forma di coming out nella società. La cosa più creativa fatta in questo settore è un lavoro che è confluito in un video che titola " I cani dell'acqua marcia" e si può trovare online. Consiglio di andare a vederlo perché è molto interessante.

FP: Grazie Ottavio, lei è davvero illuminante. Vorrei a questo punto chiederti dato che la mia tesi titola "Psicodramma tra passato presente e futuro" come vede Ottavio il futuro dello Psicodramma? È possibile uno Psicodramma online?

OR: Fare uno psicodramma online? La risposta è che tutto si possa fare. Soprattutto nel bisogno. Sopratutto quando ci sono delle esperienze come quelle del Covid. La prima osservazione di cui sono sicuro è che i rapporti tra la comunicazione digitale e lo psicodramma sono molto stretti. Ovviamente quando lo Psicodramma fu inventato, una ipotesi del genere non poteva essere neanche immaginata. L'avvento di internet risale a molti decenni successivi allo Psicodramma. Da una parte sembra impossibile perché essendo una terapia di gruppo ed essendo inoltre basata sul contatto, su una comunicazione a trecentosessanta gradi, come possiamo immaginare che una riunione di Zoom o di Skype, equivalga ad una ricchezza tridimensionale dello Psicodramma? Tuttavia, l'idea base di Moreno e cioè di creare un collegamento in rete, la cosiddetta tele, è strutturalmente isomorfa alla comunicazione che noi abbiamo stabilito durante il Covid. Ci sono stati delle partecipazioni di tante persone di realtà diverse che però erano in contatto tra di loro. Dobbiamo immaginare che l'invenzione di Moreno che chiamiamo a grandi linee Psicodramma che poi però si articola anche nel Sociodramma o Socioplay come amo chiamarlo, non debba essere concepita in modo formalmente rigido ma deve essere vista sopratutto come un allargamento generico e suscettibile di trasformazioni nel tempo, al gruppo e alla comunicazione pubblica, anziché al rapporto duale che caratterizzava a quei tempi la psicanalisi di Freud. Naturalmente quando lavoriamo con questi sistemi digitali non abbiamo la ricchezza del campo energetico, dello sguardo, della presenza, dell'influenzamento e non abbiamo nemmeno la possibilità di contatto fisico che stimola il gioco, non vediamo nemmeno la qualità dei movimenti nello spazio che sono importanti per lo psicodrammatista. Da questo punto di vista possiamo dire che è assurdo uno psicodramma in rete però paradossalmente è vero anche il contrario. Prendiamo queste riunioni che sono state fatte durante il Covid e che adesso continuano a funzionare perché avrai notato anche tu, che dopo il rodaggio fatto nella pandemia si continua a lavorare tramite computer, come stiamo facendo in questo momento noi, molto di più di quanto non si facesse prima.

FP: Certo. Mi sembra abbastanza palese che l'urgenza sia diventata abitudine. Anche nella mia analisi personale se prima ero restio a farla online adesso la vivo molto bene, come una facilitazione importante.

OR: È entrato nelle abitudini. Esattamente. Quindi la mia risposta è duplice. Si e no. No per i motivi tecnici ma è fortissimamente si nel senso che l'idea di una terapia che vada al di la dello spazio e del tempo e che sia basata sulla esplicitazione pubblica era nella formulazione originaria di Moreno nella sua forma più intuitiva.

FP: Ricorda il concetto di tele, incredibile come la tele designata da Moreno corrisponda alla parola web per indicare la tela che ci collega tutti a distanza con l'avvento massivo di internet e poi ancora di più dei social network. Anche se poi nel libro autobiografico di Moreno " il profeta dello Psicodramma, c'è un passaggio dove egli descrive i due punti cardine della sociometria, dove bisogna rispettare dei criteri di prossimità mentre con internet spesso accade l'esatto contrario dove andiamo a configurarci con l'altro lato del mondo dimenticando le relazioni più "vicine".

OR: Si certo, questo è quantomai giusto. Pensiamo ai soggetti che in Giappone chiamiamo Hikkikomori queste persone che sostituiscono la vita di relazione, il gioco, l'affettività, gli incontri, gli abbracci, lo scambio… anche la sessualità e l'affetto con relazioni digitalizzate. Sono persone che rischiano di confinare la comunicazione umana in un suo simulacro autistico e narcisistico. Parlavo in questi giorni con un paziente attore e regista che lavora su un documentario basato sulla frequentazione di una ventina di soggetti italiani che vivono rinchiusi nelle stanze e che finanziati più o meno dai genitori hanno un simulacro di vita digitale che è difensiva rispetto alla bellezza e alla pericolosità dei rapporti sentimentali della vita "normale". Questo regista mi diceva che la fascinazione che avvertiva inizialmente per il mondo Hikkikomori, facendo il documentario si è molto ridimensionata. Ha visto quanta solitudine, paura ma anche pochezza ci fosse nella loro mania del "non" vivere. Quindi il digitale funziona se è un arricchimento della comunicazione olistica generale che chiamiamo reale e concreta e non se vuole sostituirsi a questa.

FP: Se ho capito bene come integrazione di un gruppo che già lavora insieme e quindi che vive un aspetto duplice di sedute classiche dal vivo integrate da delle sessioni online può essere uno strumento in più.

OR: Questo è certo, per esempio io e te che abbiamo già lavorato durante il tirocinio fisicamente, sulla base di tutto questo, possiamo continuare a scambiarci informazioni. Se ci fossero le altre persone che hai osservato nel gruppo, molto passerebbe quasi allo stesso modo. Nel digitale il gruppo ha tanti vantaggi che non si possono negare, la velocità, l'economia, la possibilità di entrare e uscire in tempi molto stretti. Però ce l'ha se ci basiamo su una partenza di incontro totale. Non ce l'avrebbe se un gruppo partisse tutto da questa dimensione online. Basta pensare che l'immagine visiva che noi abbiamo in questo momento, mentre mi stai intervistando è piatta, non abbiamo una immagine circolare tipica dello Psicodramma che è ben più forte di quelle che si possono avere al cinema o al teatro. A teatro tu non puoi muoverti come uno psicodrammatista attorno al corpo dell'altro.

Sarebbe interessante stigmatizzare nel 2023 le dimensioni dello psicodramma dal punto di vista spaziale e cinetico. L'invenzione di Moreno è stata una vera rivoluzione anche in questo. Karl Krauss diceva che un tempo a Vienna le scene erano false e gli attori erano veri mentre adesso succede il contrario. Qui mi rifaccio ad una delle tue domande che mi facesti durante il tirocinio sullo Psicodramma di oggi.

FP: Quella dove le chiedevo come mai parrebbe che lo psicodramma oggi, sopratutto in alcuni stati europei, sia un pò desueto?

OR: Esatto. Non ha molta importanza se ci siano o non ci siano tanti gruppi di Psicodramma. Bisognerebbe vedere il trionfo dell'invenzione di Moreno che è importante non solo sul piano della psichiatria, della medicina e della psicologia ma anche sul piano dell'estetica, dello spettacolo e del teatro; nel fatto che ha completamente contaminato tante altre tecniche di psicoterapia, per esempio quella sistemica. Allora che senso ha dire che non ci sono gruppi di psicodramma quando c'è una tale esplosione della terapia sistemico relazionale che si basa sulla concezione originaria di Moreno? Mai come adesso lo Psicodramma trionfa nel mondo. Pensiamo anche a tutti gli studi che sono fatti sl piano transgenerazionale che porta il concetto di sistema anche nel tempo. Io dico che bisogna saperli leggere i tempi e riconoscere la componente di psicodramma. Non so se gruppi che titolano "gruppo di psicodramma" ci sono o non ci sono nei vari paesi europei. Potrebbero esserci sotto altre formule.

FP: Mi fa riflettere professor Rosati. Penso alla Schützenberger che ha definito lo psicodramma come la più nuova delle terapie di un tempo e la più antica delle nuove.

OR: È anche il più vecchio teatro rivoluzionario. Molti confondono l'invenzione di Moreno col teatro dell'oppresso di Boal quando in realtà è questo che prende a piene mani dal profeta dello psicodramma. È affascinante vederlo non in modo elementare ma con un respiro epistemologico più ampio.

FP: Grazie professor Rosati per la sua disponibilità ed il tempo concesso. Mi ha aiutato a comprendere degli aspetti sui quali nutrivo dei dubbi e ne ha messi in luce altri che non avevo preso in considerazione. Ho capito e ampliato fatti sulla presenza nel mondo attuale dello psicodramma, appreso aneddoti sul passato e compreso la sua chiara posizione su come ne vede il futuro.

Per chiudere questo paragrafo vorrei soffermarmi sulla "scacchiera" un metodo che il dottor Ottavio Rosati utilizza, trasportando lo Psicodramma da una dimensione di terapia gruppale ad un setting classico duale, in studio privato. Io stesso ho avuto occasione di fare il paziente in una seduta con il metodo della scacchiera e vorrei riportarne a seguito una spiegazione così come la si trova spiegata dallo stesso Ottavio Rosati.

La Scacchiera in psicodramma e psicoterapia è una play therapy cinetica di statuine, da muovere sopra una serie di scacchiere. È un gioco senza gruppo che collega lo psicodramma a Jung, Winnicott e al gioco della sabbia della Lowenfeld. Ottavio Rosati porta la Scacchiera in psicodramma e psicoterapia nel 1986 dopo la presentazione dei libri di Moreno in Italia.

Il gioco utilizza un vasto repertorio di statuine tratte dal mondo dei comics, del cinema, dell'archeologia. Il paziente realizza scenari emersi dall'inconscio e ristrutturabili con fotografie e veloci piani sequenza fatte da lui stesso. La scacchiera in psicodramma e psicoterapia opera su una base rigida anziché morbida e informe come quella della sabbia.

La tecnica della Scacchiera presenta un metodo di indagine e gioco (play) terapeutico che negli ultimi anni rientra nel repertorio di psicodrammatisti e analisti che nel loro lavoro amano l'incontro tra immagine e parola.

Sostanzialmente si tratta di disporre su una scacchiera un certo numero di *action figures* e di personaggi del nostro inconscio collettivo per poi fotografare il quadro e operare una serie di cambiamenti.

Ottavio Rosati l'ha inventata negli anni Ottanta e l'ha applicata ai gruppi alle Cortona weeks di Pier Luigi Luisi e in vari psicodrammi e sociodrammi in Italia e all'estero come *Il Piombo e l'Oro del Perdono* o il bibliodramma *The struggle for Jacob*.

La tecnica della scacchiera nasce come una forma di immaginazione attiva di matrice junghiana. In seguito qualcuno l'ha definita uno psicodramma da tavolo che fa luce sulle dimensioni gruppali e sistemiche di un contesto familiare o di lavoro.

In comune con lo Psicodramma, la Scacchiera ha il gioco, il contatto e la creazione di immagini. Può essere al servizio di ciò che Jung chiamava "immaginazione attiva", la tecnica approfondita da Marie Louise von Franz. Chi usa la Scacchiera ha la possibilità di creare una serie di quadri plastici modificabili dopo essere stati fotografati.

Agli inizi il metodo entra come nuovo strumento di incontro tra paziente e terapeuta al di fuori del gruppo. Il metodo ha suscitato l'interesse di terapeuti di varia formazione che lo applicano, ciascuno a suo modo, nel loro lavoro.

Bisogna precisare che vi sono delle precauzioni, il suo inventore lo descrive come un metodo molto potente che in mano a persone immature, non consapevoli e non analizzate, può produrre danni. Viene citato per esempio quello che è successo con le costellazioni familiari di Hellinger.

Gli operatori della Scacchiera dovrebbero conoscere il formidabile repertorio di raccomandazioni morali e culturali che Alejandro Jodorowsky ha premesso di comprendere col suo nuovo libro sulla *Psicomagia*.

Ottavio Rosati precisa che prima di tutto, nessuno dovrebbe fare un utilizzo terapeutico della Scacchiera senza aver studiato Psicologia ed aver fatto una buona analisi. "Tanto più che nemmeno questi due criteri di per sé stessi bastano a garantirci il meglio. Figuriamoci la loro assenza" dice lo stesso professore.

3.4 Esperienza diretta di tirocinio nella scuola romana

Da Settembre a Dicembre 2022 ho avuto l'onore di assolvere al mio tirocinio pre-laurea da 150 ore all'interno della scuola di specializzazione per psicoterapeuti/psicodrammatisti IPOD - Istituto Psicodramma a Orientamento Dinamico di Roma, diretta da Ottavio Rosati.

Con il gruppo di tirocinanti e seguiti da psicologi, psicodrammatisti esperti abbiamo assistito al susseguirsi di elementi della Psicologia di gruppi, dinamica e clinica studiando diversi casi clinici tipo ma anche osservando sedute reali. Ne è emerso quanto potente sia lo strumento dello psicodramma nelle mani di uno psicoterapeuta esperto.

Assistere ai processi di *insight, transfert* ed altri ancora nella pratica della professione è stato incredibile e formativo. Si sono inoltre trattati argomenti inerenti al codice deontologico e la somministrazione di test, oltre a questo abbiamo avuto l'occasione di vedere professori di Psicologia Dinamica, Terapeuti ed analisti, interagire con gruppi di pazienti e soprattutto col T-Group dei tirocinanti e degli studenti della scuola di specializzazione.

Ho appreso dell'esistenza di diverse correnti di psicodramma. Come ad esempio lo psicodramma Freudiano. Nell'ambito di un gruppo ristretto, lo psicodramma freudiano propone la messa in gioco di situazioni vissute portate da ciascun partecipante. Il passaggio dalla narrazione alla rappresentazione offre una nuova versione della storia della persona, una fonte di apertura, di decompartimentalizzazione, di un nuovo sguardo su se stessi.

Le storie di ciascuno risvegliano echi negli altri partecipanti, e il discorso circola così dall'uno all'altro, costituendo un'armonia di seduta. Il gruppo funziona come cassa di risonanza e non come motore di lavoro.

L'invenzione di Moreno vi è ripresa nella sua prima ispirazione cogliendo la posta presente in ciò che il partecipante porta e facendola rappresentare qui e ora – ma sono i concetti forgiati dalla psicoanalisi, da Freud a Lacan, che guidano gli interventi degli psicodrammatisti. La parola si articola col coinvolgimento del corpo e dello sguardo. Il lavoro si basa sulle sorgenti del transfert e delle identificazioni.

Il direttore della scuola ed il responsabile del tirocinio facevano moltissimi riferimenti a Jung e allo psicodramma Jungiano dove il gruppo esiste nella sua individualità e nella sua molteplicità. Lo psicodramma diventa il luogo in cui le vere attrici sono le immagini, in cui l'immagine non è più qualcosa che si vede, ma un modo di vedere (Casey), un vedere del cuore (Corbin). Ed allora si può avere accesso a quella che Hillman ha definito, prendendo in prestito l'espressione da John Keats, la valle del fare anima.

Fare anima "è essenzialmente un'attività immaginativa[28], l'attività fondamentale della psiche, che ne caratterizza la vera essenza. Il logos dell'anima ha uno stile immaginistico, è un racconto di natura metaforica.

E la metafora è lo strumento del fare anima. Hillman scrive che Jung, parlando degli archetipi ed insistendo sulla loro indefinibilità, sembra che parli proprio di metafore.

---

[28] J. Hillman - Il mito dell'analisi - Adelphi edizioni - 1972

Mentre per Freud il sogno era allegorico, cioè la descrizione narrativa di un argomento al posto di un altro, per Jung il sogno è un simbolo, "un far coincidere in un'unica voce due dissonanze".

L'analisi trasformerebbe il simbolo in segno privandolo della sua indefinibilità e della sua ricchezza creativa. Jung affermava che gli archetipi contengono in sé germi di possibilità incalcolabili. Ed il lavoro sugli archetipi è sempre un lavoro di amplificazione delle immagini.

Un punto sul quale vorrei far luce è come Ottavio Rosati e la sua scuola di specializzazione preferiscano utilizzare il termine "Psicoplay" piuttosto che Psicodramma e le motivazioni dietro a ciò.

Il professore spiega che negli anni Cinquanta, una parola così penitenziale conquistò intellettuali e accademici. Lì giovò. La traduzione psicodramma aiutò Moreno a essere preso sul serio. Con psico-teatro non sarebbe accaduto. Oggi è diverso: rischiamo di allontanare chi ama la comunicazione sotto il segno del gioco, dell'incontro e del rinnovamento.

Lo stesso Ottavio Rosati chiese ai colleghi di indagare anche loro sull'effetto che fa sulla gente la parola psicodramma. È emerso che l'inconscio collettivo associa lo psicodramma ai condizionamenti e ai ruoli che ci imprigionano in famiglia e nei rapporti.

Proprio il contrario di ciò che Moreno voleva sciogliere con il gioco. Il direttore della scuola commissionò ad un'agenzia del Nord un sondaggio su un campione multistratificato per area. Hanno appurato che la parola psicodramma suscita ansie e timori, che limitano il suo sviluppo e non giovano alla sua immagine.

In un'intervista Ottavio Rosati rivela che con la sua analista, Nadia Neri, avevano pensato a psico-scena o psico-azione ma poi qualcuno ha detto che psico-azione nascondeva al suo interno coazione e psico-scena, oscena. Finalmente trovò la soluzione: psicoplay.

La nuova parola ha molto a che fare con D. Winnicott e con l'importanza che dà al gioco[29] nella terapia, un altro pilastro della visione analitica della scuola romana.

All'interno della scuola vedendo agire diversi psicoterapeuti psicodrammatisti ho appreso che oltre a diverse scuole di psicodramma esistono diversi modi di condurre uno psicodramma e quindi di essere psicodrammatista. Lorin, clinico francese, distingue quattro operatori terapeutici dello psicoplay , da lui definiti: ermeneutico, di incitamento, mimetico, e di confronto, ai quali, da parte della scuola di Rosati viene proposto di affiancarne un quinto: l'operatore scenico immaginale.

<u>L'operatore terapeutico di tipo ermeneutico</u>, prevalente nello psicoplay analitico (freudiano, junghiano o lacaniano) deriva dai processi di pensiero del conduttore e consiste nell'interpretazione analitica del gioco del paziente, basata su un sistema esplicativo precostituito ed indipendente dallo psicodramma.

Questo operatore è forse quello che maggiormente si presta ad usi e abusi, soprattutto se utilizzato nei termini di una causalità lineare, arbitraria ma proposta con certezza assoluta. Secondo Lorin questo operatore "Dovrebbe restare ipotetico nella misura in cui opera in modo intuitivo in un ambito inter-relazionale: il transfert".

---

[29] D. Winnicott - Gioco e realtà - Armando Editore - 2001

E interessante notare che il ricorso a operatori modali di non implicazione diretta (mi sembra che... può darsi... è possibile che tu...) raccomandato da Lorin ai suoi studenti, è in linea con lo stile di conduzione non direttiva dei primi allievi di Moreno formati all'istituto di Beacon.

L'operatore terapeutico di incitamento, prediligerà lavorare molto sul *warming-up* iniziale puntando alla spontaneità e al gioco, agli antipodi del silenzio analitico mantenuto all'inizio della seduta per favorire la regressione. Questo operatore invita il gruppo a partecipare all'evento scenico in modo attivo e non passivo, ribaltando la classica struttura dell'evento teatrale organizzato tra platea e palcoscenico. Si tratta di avere in sé un fattore, di accoglienza e sollecitazione, un rito di entrata, continuamente rinnovato che deriva dall'invito ad un incontro di Moreno.

Un esempio estremo di questo operatore è quello che aprì il socio-play "L'oro e il piombo del perdono" dedicato al *Parents Circle* di Tel Aviv, un gruppo di israeliani e palestinesi, genitori, mogli e figli di giovani morti in guerra o negli attentati terroristici. Il gruppo entrava attraversando, sulla musica di P. Glass, un portico dove trovava le fotografie dei caduti, delle famiglie e degli antenati di tutti quelli che partecipavano all'incontro. Non avevano luogo saluti, né discorsi. Il conduttore e gli attori presenti come ego ausiliari accoglievano i protagonisti del socioplay offrendo l'antica cerimonia di lavaggio dei piedi come rito di entrata, senza parole.

L'operatore terapeutico mimetico, in psicoplay rivela ed elabora quei processi di identificazione e contro-identificazione consci ed inconsci che intrappolano il soggetto in parole e desideri altrui.

Si potrebbe dire che lo psicoplay vero e proprio rivela al soggetto che nella vita reale ha sempre giocato, senza saperlo né volerlo, uno "psicodramma" cieco, non terapeutico ma funzionale ad una logica sistemica che gli sfugge ma alla quale egli non sfugge. Nello psicoplay dei bambini i fattori terapeutici dell'operatore mimetico sono l'identificazione laterale dei bambini tra di loro e l'identificazione nei terapeuti.

L'operatore terapeutco di confronto, prevalente nello psicoplay classico e nelle dimensioni etiche e spirituali care a Moreno, rimanda alle potenzialità esistenziali dischiuse dal gioco e dall'incontro. È una funzione empatica di aiuto nell'*hic et nunc*. Un approccio direttivo e sollecito che propone al paziente di muoversi con coraggio verso il suo futuro.

L'operatore terapeutico scenico immaginale, prevalente nello psicoplay classico e, in misura minore, in quello di matrice junghiana, articola uno spazio transizionale di gioco. In questa rêverie terapeutica diventano possibili trasformazioni simboliche che possono trasferirsi alla vita del paziente. Questo operatore sembra agli antipodi di quello ermeneutico, ma in realtà lo presuppone perché ha bisogno dell'analisi come guida silenziosa di un gioco intelligente. Esso costituisce la dimensione elettiva di Moreno e dello psicoplay classico e lo imparenta all'analisi attiva di Ferenczi e ad alcuni casi clinici di Milton Erickson.

E' evidente che le ibridazioni e gli sconfinamenti tra un operatore e l'altro sono continui e infiniti come quelli tra generi letterari o musicali. Questa distinzione vuole solo costituire un'indicazione di massima della complessità, della ricchezza e delle articolazioni del metodo terapeutico inaugurato da Moreno. Quanto alla sua efficacia come metodo di psicoterapia, non è facile pretendere che lo psicoplay si presti a criteri di misurazione scientifica.

Chi ha cercato di farlo non ha ottenuto risultati attendibili, tanto numerose e non quantificabili sono le variabili che andrebbero prese in considerazione. In effetti l'efficacia terapeutica dello psicodramma riposa non tanto sulla fede riposta nei modelli o nella capacità di usare le tecniche, quanto sulla competenza diagnostica e clinica del conduttore e soprattutto sulla sua maturità e consapevolezza personale.

Si torna quindi a quanto asserito da Ottavio Rosati nel cuore dell'intervista per passare nel prossimo ultimo capitolo alle prospettive sul futuro dello psicodramma che come si è potuto comprendere va ricercato nel cuore di altre terapie di ultima generazione, integrato nelle terapie di gruppo e usato con capacità da psicoterapeuti in linea con le proprie inclinazioni per abbracciare uno stile più funzionale al benessere dei pazienti ed ai diversi gruppi.

4. PROSPETTIVE SUL FUTURO

4.1 Il futuro dello Psicodramma

Dopo aver studiato a fondo A.A. Schutzenberger l'illustre psicodrammatista francese fondatrice della Psicogenealogia ed aver scoperto che aveva una cattedra all'università di Nizza ho provato a documentarmi sullo psicodramma ai nostri giorni proprio in questa università.

Ho scoperto a malincuore che in Francia, dove vivo dal 2016, questa tecnica non conta più molti specialisti che ancora la utilizzano, almeno chiamandola con questo nome. In tutto il paese solo due associazioni di Psicanalisti ancora difendono questo metodo e si trovano a Parigi ed a Grenoble, vicino Lione.

Emerge dalle ricerche che esistono diverse versioni derivanti dalla tecnica francese, di psicoanalisti che fanno gruppi da molti anni, pur senza aver lavorato direttamente con Moreno (Didier Anzieu e il suo gruppo, Daniel Widlocher, il gruppo di Serge Lebovici, Renè Diatkine, Evelyne Kestenberg.) spesso vengono del centro C.Bernard a Parigi.

Esiste una tecnica che prende il nome di "psicodramma analitico francese individuale". Si tratta, in genere, di un caso trattato individualmente dinanzi al gruppo e con l'aiuto del gruppo, di terapeuti che possono essere da due a otto, di personale medico e stagisti, che giocano le parti di conduttori della sessione, ego ausiliari e coro.

Il paziente, che per quindici minuti si trova solo con un gruppo di terapeuti e affini, sceglie una situazione e distribuisce come vuole ruoli, in modo che tutti possono partecipare all'azione, compreso lo psicanalista responsabile della sessione. Il ruolo è proposto dal paziente ed elaborato dal gruppo.

Nello psicodramma analitico francese, il gioco viene interpretato psicoanaliticamnte o simbolicamente. L'analista esamina ciò che accade e la scelta di ruoli è determinata soltanto mediante transfert.

Tale variante si distingue dallo psicodramma triadico, dove si prende sempre in considerazione la dinamica del gruppo, la sociometria e anche il transfert. Quanto a Moreno, ha sempre negato il transfert, insistendo invece sul concetto da lui creato e tanto amato, la tele.

Nello psicodramma analitico individuale francese secondo Lebovici, lo psicoterapeuta principale dirige la sessione e, generalmente, lo recita. Dapprima parla con il paziente, poi drammatizza nell'immediato e dialoga con lui proponendogli di recitare quanto appena detto.

È il conduttore a dare il segnale di inizio e fine del gioco ed è l'unico che rimane sul piano della realtà. Fa capire al paziente che può recitare quello che vuole con l'aiuto di terapeuti ausiliari e può essere indirizzato alla totalità del gruppo o ad una sua parte.

Al soggetto viene precisata la differenza tra recitare e fare realmente. Il terapeuta gioca a parlare a differenti parti metaforiche: al bisogno, resistenza o al suo istinto di fuga

Ogni scena può andare aldilà di ciò che desidera o pensa il paziente, con l'aiuto di rovesciamento di ruolo, dello specchio, oppure prendendo alla lettera uno scherzo, oppure indirizzando il gioco. Si possono citare anche sogni psicodrammatici.

La serie di sessioni può sfociare a volte una terapia individuale verbale, poiché in alcuni casi, di una certa gravità, lo psicodramma può servire ad ammorbidire o rimaneggiare le difese.

In Francia esiste ancora una corrente di psicodramma di tipo esistenziale centrato sul qui ed ora, sul gruppo, sul modo di stare al mondo dei partecipanti, sull'incontro; si articola sulla vita del gruppo e di ciascuno degli individui. Esso utilizza la teoria esistenziale, cioè la fenomenologia.

In alcuni luoghi d'Europa la scena è ancora molto viva come ad esempio a Vienna dove si può percepire la storia dello psicodramma e respirarne l'atmosfera anche ai giorni nostri. J.L Moreno visse in Austria dal 1895 al 1925. Tutt'oggi è visibile potete il palazzo dove abitò.

Nel suo libro "Il profeta dello psicodramma" cita il parco di Augarten dove il giovane J.L. Moreno immaginava lo psicodramma, giocando con i bambini e osservando la loro spontaneità creativa, così come è ancora possibile andare al Cafe Museum che Moreno adorava, in Operngasse 7, nel centro di Vienna non lontano dal Teatro dell'Opera.

Moreno studiò presso la facoltà di medicina dell'Università di Vienna, ateneo molto prestigioso, fondato nel 1365, che accolse in veste di studenti alcuni premi Nobel per la medicina come Robert Barany, Julius Wagner-Jauregg e, più tardi, Konrad Lorenz. J.L.Moreno divenne dottore in medicina nel 1917.

Durante i suoi studi, egli si interessò a chi viveva ai margini della società nel quartiere viennese a luci rosse del tempo, lo Spittelberg e dopo il dottorato, si impegnò a fondo nel lavoro affidatogli nel campo profughi.

Queste esperienze offrirono le basi per i suoi studi sulla sociometria, osservando e prendendo atto dell'attrazione sociale e della repulsione nei gruppi.

Il posto più caratteristico resta lo Stegreiftheatre, il Teatro della Spontaneità era in Maysedergasse 2, vicino al Sacher Café. Intorno al 1922, egli prese in affitto una stanza dall'Associazione austriaca degli artisti (fondata nel 1910), per condurre gruppi di improvvisazione teatrale sperimentando gli approcci precoci dello psicodramma.

Nel 1924 pubblicò il libro "Das Stegreiftheater" su quelle sperimentazioni. A Vienna c'è anche la tomba di J.L. Moreno con la sua celebre frase: "Qui giace l'uomo che ha ridato gioia e risate alla psichiatria". Moreno morì nel 1974 negli Stati Uniti, ma nel 1993 la sua urna è stata portata a Vienna dalla Società austriaca di letteratura.

Nello psicodramma austriaco esiste la situazione cosiddetta e in situ. La situazione viene giocata sul posto, per strada, in un parco, a casa (è così che Moreno cominciato in Austria), ovvero la dove ci si trova. Lo psicodrammatista utilizza il luogo e i suoi abitanti. Questa tecnica si avvicina all'antipsichiatria del Dottor Cooper e allo psicodramma familiare di Åkerman.

Negli USA lo psicodramma è un sistema ancora adottato da molti terapeuti e quest'anno si terrà a New York l'ottantunesima conferenza dell'American Society of Group Psychotherapy and Psychodrama.

Lo psicodramma americano si concentra su un orientamento analitico dello stesso. Quando è realizzato in questo modo si testa un'ipotesi analitica con l'azione.

Per esempio il complesso di Edipo. Il malato gioca il ruolo di sua madre, in relazione al suo padre (magari tornando a casa anzitempo per motivi di salute).[30]

Ma la terapia di gruppo e lo Psicodramma così come le terapie individuali hanno recentemente rotto le barriere spaziotemporali e velocizzato l'utilizzo dei mezzi mediatici moderni per via della pandemia vissuta col Covid19. La versione aggiornata del fondamentale libro di Yalom[31] del 2022 riporta un intero capitolo sui gruppi di psicoterapia online utilizzando in parte anche gli studi del dottor Weinberg al quale ho dedicato un capitolo di questa tesi.

---

[30] J.L. Moreno - "A case of paranoia treated through psychodrama" - 1944

[31] Irvin Yalom e MolynLeszcz - Teoria e Pratica della Psicoterapia di Gruppo - Bollati Boringhieri ed 2022

4.2 Approfondimento sulla tematica LGBTQIA+

Meraviglioso è stato scoprire quanto le tecniche di Moreno, lo psicodramma e la sociometria siano oggi utilizzate per varie cause inerenti alla comunità LGBT.

Lo psicodramma è utilizzato per affrontare l'omofobia, la sociometria aggiunge l'importante dimensione di migliorare le interazioni sociali e interpersonali tra i membri del gruppo.

Nonostante i miglioramenti legali, culturali e sociali del problema, la vergogna e l'omofobia interiorizzata persistono e spesso portano conseguenze negative per la salute in generale e pe quella mentale in particolare. Il sistema di psicodramma, sociometria e psicoterapia di gruppo di JL Moreno offre approcci che aiutano a contrastare la vergogna e l'omofobia interiorizzata e ad aumentare il sostegno tra pari tra diversi gruppi di persone gay.

Gli strumenti sociometrici aiutano a creare sicurezza, stabilire la coesione del gruppo, costruire connessioni interpersonali e rafforzare l'identificazione e un senso di universalità. La tecnica del doppio ad esempio aumenta l'empatia. Le esplorazioni condotte durante brevi rappresentazioni usando tecniche psicodrammatiche aumentano l'apprezzamento per la diversità nella comunità, promuovendo al contempo l'accettazione di sé e una maggiore autoefficacia.

Le linee guida per la condivisione di gruppo aiutano a rafforzare l'identificazione reciproca e mitigano la vergogna e l'isolamento sociale.[32] Per le persone LGBT, questa è una dura battaglia, che richiede la rimozione di stigmi, miti e stereotipi.

---

[32] J. Olesen, J. Campbell, M. Gross - *Using action methods to counter social isolation and shame among gay men*, Journal of Gay & Lesbian Social Services, 2017

Una persona gay che ha interiorizzato stereotipi negativi non sarà in grado di cambiare gli atteggiamenti degli altri fino a quando non affronterà veramente i propri. Questo lavoro è multiforme: deve essere svolto sia internamente che esternamente.

Una potente tecnica psicodrammatica utile nell'affrontare voci, immagini e stereotipi negativi interiorizzati è il "coro greco". Portiamo l'esempio di Jacob Gershoni che ha effettuato studi su diversi casi riportati nel suo manoscritto edito Springer Publisging a New York nel 2003 e descrive un uomo che ha esattamente le problematiche di interiorizzazione di oggetti limitanti accennate precedentemente.

Nel caso di Larry, uno scienziato sulla cinquantina, è stato utilizzato dopo che era stato nel gruppo per un po' di tempo e aveva svolto un precedente lavoro psicodrammatico nel gruppo.

"Nonostante la sua notevole intelligenza e statura professionale, Larry soffriva di una bassissima autostima, stati d'animo pessimistici, isolamento sociale e un pervasivo senso di disperazione. È entrato nel gruppo dopo aver partecipato a un workshop, dopo anni di profonda diffidenza nei confronti della psicoterapia. Il lavoro con Larry all'inizio fu lento, e passò un anno prima che diventasse leggermente più fiducioso nei confronti del terapeuta e dei membri del gruppo."

Un fatto importante per i membri della comunità è quello del *coming-out*. Negli ultimi decenni sono stati sviluppati vari modelli teorici del processo di *coming-out*. Cass (1979) ha identificato sei fasi: confusione di identità, confronto di identità, tolleranza, accettazione, orgoglio e sintesi di identità. Coleman (1982) ha descritto queste fasi in modo diverso: pre-coming out, coming out, esplorazione, prime relazioni e integrazione dell'identità.

Secondo Coleman, il raggiungimento del livello massimo di integrazione dell'identità dipende dal completamento dei compiti di sviluppo nelle fasi precedenti, alcuni dei quali possono verificarsi simultaneamente e possono rappresentare un processo che dura tutta la vita per alcuni individui.

Troiden (1989) ha elaborato il lavoro precedente e ha offerto la propria descrizione di quattro stadi di sviluppo: sensibilizzazione, confusione di identità, assunzione di identità e impegno.

Questi modelli, presentati come successioni lineari e progressive, mirano a chiarire un processo astratto che può essere fluido, complesso e persino caotico. Coleman afferma che il suo modello "dà al terapeuta una certa comprensione del processo di formazione dell'identità integrata, e niente di più".

I modelli condividono l'enfasi sull'importanza del sostegno tra pari e sul lavoro con altre persone gay e lesbiche. Alcuni considerano l'integrazione dell'identità raggiungibile solo dopo aver raggiunto connessioni personali e sociali di successo con altri dello stesso genere. Nelle esperienze di psicologi che lavorano nella comunità LGBT, la sociometria e lo psicodramma hanno fornito i progetti e gli strumenti aggiuntivi per un lavoro efficace nell'aiutare le persone a uscire allo scoperto ed a raggiungere un livello più elevato di autoaccettazione e integrazione di un'identità positiva.

In termini sociometrici, le varie fasi sopra descritte possono essere paragonate alla delucidazione di Moreno dell'assunzione di ruolo, del gioco di ruolo e del raggiungimento finale della creazione di ruolo (Moreno, 1946).

La terapia di gruppo è stata caratterizzata come potente nell'aiutare i clienti verso l'auto-accettazione (Yalom, 1985), ed è ancora più potente nelle popolazioni stigmatizzate (Tunnel, 1994).

All'interno delle modalità della terapia di gruppo, lo psicodramma aggiunge un'altra dimensione: il protagonista lavora in azione ed è in seguito in grado di trasferire le sue nuove abilità acquisite in altri contesti al di fuori della stanza della terapia di gruppo.

Osherson (1974) ha descritto in dettaglio il lavoro psicodrammatico in un caso in cui il protagonista è stato aiutato a rivelare segreti a lungo covati che hanno causato molta vergogna. Ciò ha portato a un più alto grado di accettazione di sé.

Per molti anni, i membri della comunità LGBT si sono sostenuti a vicenda. Anche prima della rivolta di Stonewall, c'erano gruppi la cui funzione principale, anche se informale, era quella di aiutarsi a vicenda nel processo di *coming-out* e in altri modi.

Il sostegno tra pari ha svolto un ruolo cruciale nell'aiutare innumerevoli persone a condurre una vita produttiva, anche quando le "professioni di aiuto" le hanno deluse così miseramente.

Alcune organizzazioni, come Identity House a New York City, hanno svolto il loro lavoro tramite volontari tra pari. Poiché l'omosessualità non è un disturbo mentale, i consulenti tra pari possono essere utili quanto i terapisti professionisti.

Con lo sviluppo della conoscenza della sessualità umana nelle sue variazioni, i professionisti possono assumere un ruolo diverso.

Nello spirito dell'affermazione di Moreno secondo cui la terapia può avvenire ovunque, non solo nell'ufficio del terapista, è forse opportuno che i terapeuti considerino l'utilizzo delle loro capacità in contesti al di fuori della comunità gay per aiutare i gay che stanno lottando per uscire allo scoperto e vivere liberamente.

Tornando alla formazione di uno psicodrammatista, questa tematica non può assolutamente passare inosservata e molte linee guida per meglio agire col paziente LGBT e le sue problematiche si possono trovare nel noto volume del professor Vittorio Lingiardi, che in Italia resta uno dei più importanti riferimenti in merito a questa tematica.

In Italia il dottor F. Marzano utilizza tecniche di psicodramma per gruppi di pazienti LGBTQIA+ a seguito della visione di film. Queste gruppoanalisi si trovano in parte descritte nel suo libro "Ciak, si gioca".

La mia intenzione è quella di essere presente nella mia comunità come terapeuta non appena ne sarò abilitato e vorrei poterlo fare integrando le tecniche di psicodramma che ho visto in atto durante il tirocinio e che hanno sortito un effetto terapeutico anche in me come osservatore.

4.3 Prospettive di telepsicodramma

Lo psicodramma moreniano comporta un pieno coinvolgimento fisico e psichico del protagonista, dei membri del gruppo e del conduttore terapeuta. Questo coinvolgimento, la drammatizzazione, provoca proprio gli effetti desiderati, catartici, tipici di questa tecnica psicoterapica ed in questo risiede la sua forza terapeutica (Miglietta, 1998).

Il setting di riferimento dello psicodramma è sempre stato un luogo fisico ben preciso in cui "mettere in opera" la terapia.

Dal 2019 tuttavia, a livello globale terapeuti e pazienti si sono visti costretti a convertire le psicoterapie in telepsicoterapie a causa dell'epidemia da Sars-CoV-2. Si è quindi assistito ad un passaggio dalla pratica *in-office* alla pratica *online* nel corso di poche settimane, intorno al mese di marzo 2020 (APA, 2020).

Esistono però dei vantaggi nell'erogare la terapia online e uno di questi è aumentare l'accesso alla cura per una varietà di pazienti (Connolly e colll, 2020).

Alcuni ricercatori ritengono, ad esempio, che la terapia di gruppo possa essere un'ottima risorsa per il trattamento di persone durante il COVID-19 grazie alla sua capacità di diminuire l'isolamento ed entrare nella solitudine data dall'impossibilità di contatti (Marmarosh e coll, 2020).

Anche diverse istituzioni pubbliche si sono orientate verso l'utilizzo della terapia online per soddisfare le richieste di pazienti durante la prima ondata della pandemia da COVID-19 (Rosen e coll., 2020).

Per quanto riguarda le terapie di gruppo, viene riscontrata dai terapeuti gruppali intervistati in un *survey-based study* (Gullo e coll, 2022) una difficoltà nell'utilizzo della terapia online seppur la letteratura mostra la fattibilità di offrire interventi di gruppo tramite l'utilizzo di piattaforme in internet (Weinberg & Rolnick, 2019).

Dall'intervista di trecentosette terapeuti di gruppo circa la loro valutazione sulla facilità o meno di conduzione della terapia di gruppo *online* rispetto che in presenza, si evince innanzitutto che i gruppi *online* e in presenza funzionano in maniera similare (Gullo e coll, 2022) e che questo funzionamento è associato però alla percezione di efficacia del gruppo online da parte del terapeuta.

Le difficoltà di gestione delle relazioni nella sessione online possono comunque rappresentare un ostacolo all'attuazione dei fattori terapeutici di gruppo (Gullo e coll, 2022).

Nello specifico, per quanto riguarda l'applicazione *online* dello psicodramma moreniano, un ulteriore studio qualitativo del 2021 si è occupato di indagare quali aspetti i pazienti trovino più utili o ostacolanti nel passaggio dalla partecipazione fisica allo psicodramma al telepsicodramma (Biancalani, Franco, Guglielmin, Moretto, Orkibi, Keisari, Testoni, 2021). I partecipanti intervistati avevano iniziato lo psicodramma in presenza in tempi diversi tra loro, tuttavia in Marzo 2020 le sessioni settimanali si sono spostate tutte *online*.

Le sessioni hanno riguardato due gruppi nel nord Italia con la direzione di due psicodrammatiste esperte. La struttura generale delle sessioni consisteva nelle precedenti discusse tre fasi: riscaldamento, azione e condivisione.

Durante la fase centrale, come succederebbe in uno psicodramma in presenza, sono state utilizzate alcune delle tecniche citate in precedenza e nello specifico inversione di ruoli e soliloquio.

Per adattare le prime due tecniche all'utilizzo *online,* sono state svolte le sedute tenendo accese le sole telecamere del protagonista e del doppio.

Specifiche stanze son state create per permettere il dialogo tra soli due membri durante l'inversione di ruolo *(breakout room)* in modo da permettere che uno dei partecipanti raccontasse la storia all'altro, che poi aveva il compito di riportarla al gruppo nella stanza generale.

Il soliloquio è stato invece effettuato con la sola telecamera accesa del protagonista. Per riprodurre l'ambiente fisico teatrale sono state utilizzate delle *slides* di un vero teatro e per simulare i movimenti corporei che trovandosi in una stanza avrebbero attuato i membri del gruppo, le fotografie di ogni partecipante sono state spostate dinamicamente sulla base dell'attività psicodrammatica in corso.

Disegni, foto e altri elementi condivisi dai partecipanti sono stati poi inquadrati in sala generale per condividere il vissuto tra tutti i partecipanti.

Tutti i partecipanti alla ricerca hanno dichiarato che il tele-psicodramma è uno strumento utile per garantire la continuità e preservare il senso di appartenenza al gruppo terapeutico.

Allo stesso modo tutti i partecipanti hanno descritto il gruppo online come uno spazio utile all'esprimere liberamente le proprie paure e preoccupazioni.

La maggior parte dei partecipanti ha però percepito un cambiamento minore e una minore efficacia nel telepsicodramma rispetto alla modalità tradizionale in presenza; due partecipanti hanno invece riportato l'opinione che la modalità telematica sia utile tanto quanto la presenziale al raggiungimento delle finalità terapeutiche.

Ulteriore tema rilevato è stato quello dell'immagine corporea: la totalità dei partecipanti ha riconosciuto che potersi osservare in telecamera durante la terapia ha permesso una meta-cognizione maggiore sulle proprie dinamiche in gioco durante la seduta.

Da questi elementi emerge infine che seppur esistano pensieri discordanti, tutti i partecipanti hanno appreso nel passaggio alla modalità telematica ancora maggiore consapevolezza verso i benefici stessi della terapia attraverso lo psicodramma.

Gli studi ufficiali in merito alla psicoterapia online di gruppo sono pochi e quelli in particolare sullo psicodramma a distanza sono ancora meno e molto difficili da reperire. Bisognerebbe davvero sperimentare in tal senso continuando a scoprire le potenzialità di questa evoluzione iniziata in modo quasi forzato ma che potrebbe portare a risultati ed evoluzioni stupefacenti, senza rischiare di diventare l'unica soluzione più semplice, basandosi solo su di un aspetto pratico ed economico, visto che al centro di tutto deve restare la ricerca dell'omeostasi di chi si rivolge alla terapia.

CONCLUSIONI

Lo psicodramma è un modo per esplorare le proprie attitudini, ponendole al confronto con l'altro, ed è anche un modo per modificarle. Si percepisce come siamo per l'altro, ciò che l'altro vuole che siamo.

Lo psicodramma e tra le più moderne delle teorie classiche, insieme alla psicoanalisi ma è anche tra le più antiche e strutturate terapie moderne.   In una duplice componente di solida base e di potenziale innovativo. Questa tecnica include il conscio e l'inconscio, il corpo, il cuore, lo spirito, il detto e il non detto, i sogni e molto altro.

È stato provato che la terapia psicodrammatica può dissipare le tensioni legate i compiti non ultimati, permettendo ciascuno di lavorare sui propri fantasmi cosi come ai traumi legati alla propria famiglia. In modo pirandelliano potremmo dire che lo psicodramma consola e libera i fantasmi dell'anima, curando l'ossessione che logora.

Spesso noi siamo per gli altri ciò che gli altri vogliono da noi, seguiamo le indicazioni e le attese genitoriali e familiari e proprio lo psicodramma può aiutarci a gestire e vivere meglio di ruoli, impariamo grazie ad esso ad essere persone e come tali riconosciute.

È stata trattata in questa tesi la validità dell'utilizzo della psicoterapia di gruppo in ambito clinico e di ricerca. Successivamente è stato analizzato lo psicodramma come terapia gruppale in quanto ampiamente diffusa in ambito nazionale ed internazionale e le principali tecniche utilizzate.

Viene poi presentato l'utilizzo del setting gruppale e nello specifico dello psicodramma come terapia telematica e non in presenza.

In questa ultima parte della discussione si vogliono anche riportare i benefici e i limiti individuati in letteratura dai partecipanti al telepsicodramma (Biancalani, Franco, Guglielmin, Moretto, Orkibi, Keisari, Testoni, 2021).

Benefici: ottimizzare gli spostamenti ed i costi nel raggiungimento della sede terapeutica; ottimizzare il raccordo circa gli impegni familiari e/o lavorativi; viene identificato come un modo semplice attraverso il quale chiedere aiuto in caso di sintomi più gravi, soprattutto circa l'isolamento sociale; utile in caso di disabilità fisica e problematiche relative a spostamenti; alcuni pazienti rilevano una maggiore facilità nell'espressione mediata da uno schermo invece che vis- a-vis.

Limiti: minore enfasi e minor coinvolgimento nel ruolo di protagonista; alcuni partecipanti registrano un'inibizione della spontaneità; setting fisico: spesso l'ambiente domestico non garantisce una corretta privacy, un luogo sicuro e delimitato nello spazio; mancanza di calore umano derivante dal contatto fisico; telepsicodramma significa connessione ad Internet e di conseguenza mancanza di segnale e/o connessione in alcuni momenti, con il conseguente essere catapultati fuori dalla dinamica in corso in quel momento; più possibilità di cadere in distrazioni ambientali.

Rimane quindi in essere la necessità di ampliare gli studi e la ricerca sull'argomento soprattutto visto il potenziale slancio offerto dalla pandemia verso setting telematici.

Terapeuti e pazienti potranno così avvantaggiarsi di specifica letteratura su cui basare nuovi interventi terapeutici con setting controllati ed efficaci.

All'interno di questo elaborato troviamo vari spunti sui luoghi dello psicodramma e sul suo posizionamento in alcuni paesi d'Europa.

Fa molto riflettere come Ottavio Rosati, uno dei massimi esponenti dello psicodramma in Italia, definisca questa tecnica come fluida ed in divenire, al posto di qualcosa da inquadrare, di rigido, dietro la quale nascondersi come se fosse una fortezza.

Il professore dice quanto sia importante che le nuove generazioni di psicodrammatisti, chiaramente conservando uno zoccolo duro di preparazione universitaria, di psicoterapia e di analisi, debbano però rimanere aperti alle nuove evoluzioni alle nuove tecnologie lasciando confluire i diversi aspetti che si presenteranno in futuro coltivandoli nel presente, nel qui ed ora, forti di una radice del passato che affonda nel cuore dell'intuizione di Moreno e dei suoi allievi.

Il mio obiettivo al termine di questa percorso sarà proprio quello di continuare la formazione con particolare attenzione allo psicodramma al fine di ottenere tutti gli strumenti fondamentali per uno psicodrammatista ed avere le carte in regola per poter evolvere questa meravigliosa tecnica con la quale sono entrato in contatto e trovare delle soluzioni efficienti ed efficaci che possano portare la tele descritta da Moreno sulla tele del web che tanto ha fatto per la professione durante il periodo della pandemia.

Tutto questo continuando ad indagare e studiare quelli che provano a fare aderire il metodo ad una dimensione duale e ad un classico setting analitico senza perdere la dimensione gruppale che resta un ambiente terapeutico di crescita dove curare, dove coltivare, dove capire.

Integrare la psicoterapia di gruppo con delle sezioni di psicodramma è ciò che ho visto funzionare molto bene e di un modo talmente forte da farmi desiderare di scrivere su questo argomento e di continuare a ricercare nella continua evoluzione aperti alle sfide e al cambiamento trasformando le difficoltà in opportunità che è il cammino che auguro a tutti oltre che a me stesso.

Conoscere il passato, per comprendere e vivere il presente in modo da poter contribuire al futuro dello psicodramma.

CRONOLOGIA - Contesto socioculturale e fatti dello psicodramma

CONTESTO STORICO/ SOCIALE	DATA	PSICOLOGIA E PSICODRAMMA
	1805	Sade (internato) compone una pièce teatrale rappresentata con l'aiuto di malati mentali di Chareton.
Hegel, *Fenomenologia dello Spirito*	1807	
Leuret, *Il trattamento morale della follia*	1840	
Kierkegaard, *Il concetto di angoscia*	1844	
	1856	Nascita di Sigmund Freud
Karl Marx, *Il capitale*	1867	
	1869	Von Hartmann, *Filosofia dell'inconscio*
	1870	Ribot, *Psicologia inglese contemporanea*
Pasteur scopre il vaccino della rabbia	1885	
	1889	Nascita di J.L. Moreno
	1890	Nascita di Kurt Lewin
Tarde, Legge dell'imitazione	1893	Freud e Breuer, Studi sull'isteria
(28 dicembre) Fratelli Lumière, prima proiezione cinematografica pubblica al Salon Indian del Gran Café - Parigi	1895	Alfred Fouillè, *Temperamento e Carattere* Gustave Le Bon, *La psicologia del folle*
Chiusura del Café Grienste della Jung-Wien Hoffmanstall	1897	
Stanislawski crea il teatro d'arte (Mosca)	1898	Tarde, *Studi di Psicologia Sociale*
Primi grandi film di Méliès	1899	
Esposizione universale di Parigi Nasce a Napoli Eduardo de Filippo	1900	

Max Reinhardt crea a Berlino un cabaret letterario - Schall und Rauch (rumore e fumo)- che diventerà il Kleines Theater. Nasce MH Erickson	1901	
Il Sogno, di August Strindberg (teatro pre-espressionista con sdoppiamento dei personaggi).	1902	Alfred Binet, *Studio sperimentale dell'intelligenza*
Antoine direttore dell'Odeon - Parigi Primo congresso di marionette - Praga	1906	
Inaugurazione del teatro intimo di A. Strindberg a Stoccolma.	1907	Bergson, *L'Evoluzione Creatrice*
	1908	W. McDougall: *Introduction to Social Psychology* Adolf Loos, *Ornamento e delitto*
(Austria) "Monodramma" "Erwartung" del musicista atonalista Arnold Schönberg (rasformato in opera con brani cantati e rappresentata a Praga nel 1924).	1909	
Prima rappresentazione a Parigi dei Balletti russi di Diaghilev. Inizi dell'espressionismo tedesco. Ernst Cassirer, *Filosofia delle forme simboliche.*	1910	Karl Kraus, *Heine e le conseguenze* *The book of God* a Vienna Moreno fonda a Vienna "The impromptu School"
	1911	Moreno Atti da Zarathustra
Gordon Craig, accompagnato dalla moglie Isadora Duncan, mette in scena l'Amleto a Mosca.	1912	Moreno ha un breve incontro con Freud alla conclusione del corso che questi fa sui sogni telepatici a Vienna.
Jaques Copeau fonda a Parigi il teatro del Vieux-Colombrier.	1913	Freud, *Totem e Tabù*. *Moreno si occupa di un gruppo di prostitute (Vienna).*
35 primi film di Chaplin. Inizio della prima guerra mondiale.	1914	Moreno, motto: Invito ad un incontro

Manifestazione al teatro futurista di Marinetti "le parole in libertà" - Italia -	1915	
	1915-1917	Moreno si occupa di un campo di profughi tirolesi, a Mittendorf, e studia le relazioni di gruppo (Austria).
Meyercold fonda lo studio a Mosca Diaghilev va negli Stati Uniti.	1916	
Rivoluzione russa: 18 ottobre. Presa del Palazzo d'Inverno (Pietroburgo). Pirandello: *Così è (se vi pare)*.	1917	Moreno si laurea in Medicina (psichiatria) - alunno di Otto von Pötzl (Vienna).
11 novembre: armistizio e fine della prima guerra mondiale	1918	Moreno è redattore della rivista Daimon, alla quale collaborano Hans Kefka, Martin Buber, Francis Jammes (1918-1919)
Istituzione del Festival di Salisburgo. Max Reinhardt trasforma il circo di Berlino in teatro senza scena e senza sipario: "Das grosse Schauspielhaus". Gropius fonda a Berlino la "Bauhaus"	1919	
Piscator (nel 1966) fonda il teatro proletario (Betlino), Gemier il Teatro Nazionale Popolare (Parigi) Germania: "Zeitstücke" lavori teatrali di attualità che espongono i problemi sociali delll'epoca).	1920	"Metodo dei casi" alla Harvard Business School for administration.
Pirandello (Roma): Sei personaggi in cerca di autore - rappresentata poi a Parigi nel 1925	1921	Vienna: Moreno crea il teatro improvvisato (1° aprile, prima seduta senza scenografie, con la partecipazione di spettatori "Das Stegreiftheater". Moreno vi apre un "giornale vivente"in cui dei dilettanti recitano spontaneamente le novità del giorno e fatti diversi.

		Nel corso di una delle sedute del teatro improvvisato di Moreno, una giovane studente attrice, rigiocando un fatto diverso si ritrova trasformata dall'azione catartica del ruolo che tiene (una prostituta assassinata) ed i suoi rapporti coniugali migliorano. Ciò segnerà l'avvio del teatro terapentico, attraverso il gioco dei problemi personali, che diventerà poi lo PSICODRAMMA.
Declino del teatro espressionista tedesco; fine dell'inflazione stabilità sociale; inizio di opere di attualità tedesche. Prima tournée di Pirandello a New York	1923	
Pirandello: *Ciascuno a suo modo* - Milano	1924	
Stanislavski, *La mia vita nell'arte*	1925	Moreno si stabilisce negli Stati Uniti, prima vicino New York, poi a Beacon, sulla sponda dell'Hudson, non lontano dalle proprietà di Franklin Roosevelt, che egli incontrerà.
Primo film parlato: The Last Singer (Warner Bros), con Al Johnson (U.S.A.)	1927	Moreno ottiene la laurea americana da medico, dieci anni dopo la laurea conseguita a Vienna. Apertura dello studio a Manhattan nel quartiere ebraico.
Film: La passione di Giovanna d'Arco (Dreyer); Un cane andaluso (Buñuel); L'opera da tre soldi (Brecht e poi Pabst).	1928	
Primo film interamente sonoro : *Light of New York.* Crollo della borsa di Wall Street. Erich Von Stroheim impegna una attrice in una prova estemporanea, ad Hollywood Tournée di Pirandello a New York	1929	Teatro di gruppo improvvisato da Moreno a New York (Carnegie Hall, 1929-1931).
Brecht: *La decisione,* seguita da pezzi didattici "Lehrstucke". *Terrore e miseria del terzo Reich* - Germania - Gli allievi di Stanislavski introducono i suoi metodi negli USA. Pirandello, *Questa sera si recita a soggetto*	1930	

1931	Moreno elabora il concetto di psicoterapia di gruppo, che utilizza al congresso dell'associazione americana di psichiatria (Filadelfia, maggio 1932) a proposito di un progetto di psicoterapia nelle carceri (Sing-Sing). Slavson incontra Moreno al « Teatro Estemporaneo » (Carnegie Hall) e fa un gioco di ruolo (secondo J.L.M.).
1932	Moreno, con la collaborazione di Helen Jennings, studia - socio-metricamente la comunità di ragazze delinquenti, di Hudson (prima rappresentazione graficadelle interrelazioni). Simposio di Filadelfia: « Psico-terapia di gruppo »
1933	Freud: Introductory lectures on psychoanalisis.
1934	Moreno: Who Shall Survive? (I fondamenti della sociometria), a new approach to the problem of Human Relations. Korzybski (che si occupa di semantica generale) incontra Moreno. Georges Mead: Mind, Selt, Society (Mente, Sé, Società).
1935	Ruth Benedict, *Patterns of Culture* *Margaret Mead: Sex and Temperament* Levin ed i suoi allievi si incontrano con Moreno Moreno incontra Roosvelt

		Moreno fonda il primo teatro terapeutico a Beacon
Morte di Pirandello Guerra di Spagna In Francia: Accordi Matignon con il Fronte Popolare (ferie retribuite)	1936	Kurt Lewin: *Principles of topological psychology* Moreno ed Helen Jennings: Advances in sociometric technics (in un clima autoritario o democratico) sociometric control studies of grouping and regrouping, with reference to authoritative and democratic methods of grouping.
	1937	Moreno insegna all'Università di Colombia e quindi all'Università di New York.
	1938	Moreno passa dalla versione « in situ» dello psicodramma alla versione classica dello psicodramma centrato sul gruppo o su un individuo, ma tenendo conto del gruppo, e del "qui ed ora"
Scoppio della seconda guerra mondiale	1939	Kurt Lewin, Ronald Lippitt, Ralph White (studi sul clima di gruppo, autoritario, democratico, « laissez-faire »): Patterns of aggressive behavior in experimentally created social climates.
21 Giugno: Hitler attacca l'URRS	1941	Fondazione del teatro terapeutico psicodrammatico all'ospedale St. Elizabeth (Washington, D.C., U.S.A.)
3.10.42 lancio del razzo A-4 (divenuto poi V2) di Werner von Braun (Germania) 2.12.42 prima pila atomica (Fermi, Chicago)	1942	J. L. Moreno: Sociometric Institute, N.Y. Carl Rogers: Client centered therapy (La terapia centrata sul cliente). Moreno fonda l'American Society of group. Psychotherapy and Psychodrama.
Liberazione di Parigi. Teatro delle marionette di Gaston Baty	1944	Fondazione dell'Istituto Moreno di New York

Bomba atomica su Hiroshima. Fine della seconda guerra mondiale	1945	Kurt Lewin fonda il Research Center for Group Dinamic (al Massachusetts Institute of Technologies -MIT- vicino Boston), trasferito in seguito all'Università di Michigan dopo la sua morte (1947)
Fondazione dell'Actor's Studio da parte di Elia Kazan e Lee Strasberg. Creazione del festival di Avignone Film: *Breve incontro* di Lean	1946	Moreno: Psychodrama, I. Inizi dello psicodramma per bambini in Francia
Moreno/Rosselini: *Psychodrama a Parigi* filmato da RTF	1947	Primo seminario di sensibilizzazione alle relazioni umane (nascita del T-Group) creato dai collaboratori di Lewin e dagli ex allievi di Moreno: First National Training Laboratory in group development (NTL), a Bethel (Maine, USA): Leland Bradford, Alvin Zander, Kenneth Benne, Ronald Lippitt.
Crisi di Berlino Sartre, *Le mani sporche*	1948	Psychodrama at the Mansfield Theatre, NYC.
	1949	Matrimonio di Moreno con Zerka Toeman
Primo congresso Internazionale di Criminologia a Parigi	1950	Primo congresso mondiale di psichiatria a Parigi
	1951	Psychodrama in Connecticut
	1953	Inizi dello psicodramma per adulti e del T-Group in Francia.
XX Congresso avvia una politica più liberale a Mosca	1956	Seminario di Utrecht (25 gruppi con T-Group e Psicodramma) New Education Fellowship (Agosto). Moreno a Parigi
Primo satellite russo, lo Sputnik Apre lo studio in via Margotta di Fersen	1957	Secondo congresso internazionale di Psicoterapia di Gruppo. Vi fu una sezione di Psicodramma a cura di Moreno. Diventerà IAGP (International Association Group Psichotherapy)

	1958	Congresso internazionale di Psicoterapia Esistenziale a Barcellona, cioè il quarto congresso internazionale di Psicoterapia, con una sezione di Psicodramma. Sganarello e la figlia del Re da Moliere nel 59, 60. Prima giornata sulla psicoterapia di gruppo in Francia Moreno e Schützenberger: dimostrazioni di psicodramma in URSS e in Francia
Il primo missile russo raggiunge la luna	1959	
Fersen fa i primi esperimenti che nel 1961 sfoceranno nel Mnemodramma. Primi 4 computer collegati in USA	1960	
Assassinio del presidente Kennedy	1963	Terzo congresso internazionale di Psicoterapia di Gruppo a Milano (700 partecipanti) con sezione di Psicodramma presieduta da Zerka Moreno e Schützenberger. Presidente JL Moreno, vice-presidenti Folks, Leibovici, Ancona, Castaldi, Cazzullo; tesoriere Friedman; segretario generale Spaltro.
Spoleto Leviathan	1964	Primo congresso Internazionale di Psicodramma a Parigi con più di 1000 partecipanti. Presidente onorario JL Moreno; presidente P. Sivadon; vice presidente Juliette Favez-Boutonier; segretari scientifici Zerka Moreno, Schützenberger; co-segretario Ouzilou.
Liz Taylor e Richard Burton recitano *La bisbetica domata* e *Chi ha paura di Virginia Woolf?* *Guardie rosse in Cina*	1966	Secondo Congresso internazionale di Psicodramma centrato sulla dinamica di Gruppo a Barcellona. Presidente onorario JL Moreno.
Spoleto, prima edizione delle "diavolerie" Lee Strasberg a Parigi TNP, primi corsi dell'Actor's Studio	1967	Corsi e dimostrazioni di Psicodramma in America Latina AA Schützenberger

Primo Trapianto di cuore a Città del Capo a cura del Dott. Barnard	1968	Terzo congresso Internazionale di Psicodramma e di Terapia Istituzionale /da Praga spostato a Baden, 23-26 settembre). Presidente onorario JL Moreno; Presidente: Ferdinand Knobloch; Segretario generale: dr. Rubes; Segretari internazionali ZT Moreno e AA Schützenberger. Primo congresso Internazionale di Sociometria e Psicologia Sociale (da Praga spostato a Baden 26-28 Settembre). Presidente onorario JL Moreno; Segretari scientifici: Milan Hausner, Dolezal, Segretari internazionali ZT Moreno e AA Schützenberger. Quarto Congresso Internazionale di Psicoterapia di Gruppo a Vienna
21 Luglio, allunaggiodell'apollo XI; Armstrong cammina sulla luna.	1969	Costruzione del primo teatro di Psicodramma in una università francese: facoltà di Scienze Umane, Nizza, in cui si istituisce l'insegnamento di Psicologia Sociale Clinica affidato a AA Schützenberger. Quarto congresso Internazionale di Psicodramma (Buenos Aires, 24-31 Agosto). Presidente: Jaime Rojas Bermudez; Presidente onorario : JL Moreno
	1970	Quinto Congresso internazionale di Psicodramma, San Paolo (Brasile).
Prima rete per 23 computer in USA	1971	Sesto congresso internazionale di Psicodramma, Amsterdam.
	1974	Morte di JL Moreno
	1975	Primo numero di Atti dello Psicodramma ed. Vladimir, Roma
Primo bambino in provetta in Inghilterra Viene formulata la ToM Theory of Mind da David Premarck e Guy Woodruff	1978	

Marguerite Yourcenar è la prima donna eletta all'Accademia di Francia. Muore MH Erickson	1980	
	1982	
Scoperta del virus dell'AIDS Scoperta dei buchi neri	1983	Questa sera si recita a soggetto In un teatro italiano: Flaiano con Atti dello
Chiude il laboratorio di J. Grotowski a Varsavia Muore a Roma Eduardo de Filippo	1984	
Muore l'attrice Elizabeth Bergner	1086	
Prima versione Microsoft Office	1988	
Nasce Google il 15 Settembre	1997	
11 Settembre, attentato alle torri gemelle (World Trade Center) attribuito a Bin Laden.	2001	
	2006	Roma, RAI SAT. Primo Socioplay televisivo del Canto di Natale. Regia di O Rosati.
	2009	Roma, Congresso IAGP. " Groups in a time of conflicts". Frances Bonds-White.
Nasce Instagram il 6 Gennaio	2010	
Nasce Tik Tok	2016	
	2018	Muore AA Schützenberger. - Parigi

BIBLIOGRAFIA

Aristotele - *Poetica*, a cura di G. Paduano - Bari - Laterza - 1998

D. Altman - Homosexual oppression and liberation - New York - Outerbridge & Dienstfrey - 1971

A. Baker - With pride and corsage, gay proms reach the suburbs - The New York Times - 2021

G. Biancalani, C. Franco, M.S. Guglielmina, L. Moretto, H. Orkibi, S. Keisari, I. Testoni - Tele-psychodrama therapy during the COVID-19 pandemic: Participants' experiences. - 2021

W. Bion - Esperienze nei gruppi - Armando editore - 2016

A. Blatner - Acting-In: Practical Applications of Psychodramatic Methods - New York, NY: Springer Publishing Company - 1996

J. Butler -   Gender Trouble: Feminism and the Subversion of Identity, Routledge - 1989.

M. Cavallo - *Teatro e psicologia: un incontro necessario* - *I*nformazione in psicologia, psicoterapia, psichiatria, n. 31 - 2011

V. Cass - Homosexual identity formation: A theoretical model - Journal of Homosexuality, 4 - 1979

R. Caillois, - I giochi e gli uomini. La maschera e la vertigine, Tascabili Bompiani - 2013.

A. Cruz, P. Alves, G. Moita - The Core Techniques of Morenian Psychodrama: A Systematic Review of Literature - Front Psychol - 2018

E. Coleman - Developmental stages of the coming out process. Journal of Homosexuality, 7 - 1982

D. M. Kalff -   Il gioco della sabbia e la sua azione terapeutica, Edizioni OS - 1974.

A. Ferrara, M. Spagnuolo Lobb - Le Voci della Gestalt, Franco Angeli, Milano - 2008.

J. Drescher - From bisexuality to intersexuality. Rethinking gender categories in «Contemporary Psychoanalysis», n. 43 - 2007

F. Giannone, C. Giordano, M. Di Blasi - Group Psychotherapy in Italy. Int J Group Psychotherapy - 2015

E. Giusti, C. Ornelli, Role Play. Teoria e pratica nella clinica e nella formazione - Sovera - 1999

A.P. Hare - J.L. Moreno (part of a series, "Key Figures inPsychotherapy) London: Sage.Human Rights Watch - 2001

J. Hunter, G.P Mallon - Lesbian, gay and bisexual adolescent development - Ed Ing2001

B. Green & G. L. Croom - Psychological perspectives on lesbian and gay issues - Ed Ing - Vol. 5 - 2001

K. Kirk, C.Dutton - Nobody nowhere to somebody somewhere: researching the effectiveness of psychodrama with young people with Asperger's syndrome. Br. J. Psychodrama Sociodram. 21 - 2006

R.J. Landy - "Drammaterapia. Concetti, teorie e pratica" - Roma: Edizioni Universitarie Romane - 1994

V. Lingiardi - Compagni d'amore. Da Ganimede a Batman. Identità e mito nelle omosessualità maschili, Raffaello Cortina Editore - 1997.

V. Lingiardi, N. Nardelli - Linee Guida per la consulenza psicologica e la psicoterapia con persone lesbiche, gay, bisessuali, Raffaello Cortina Editore - 2014.

C.L. Marmarosh, R.D. Markin, E.B. Spiegel: Attachment in Group Psychotherapy. Washington, DC, American Psychological Association - 2013

D.J. Martin, J.P. Garske JP, Davis MK: Relation of the therapeutic alliance with outcome and other variables: a meta- analytic review. Consult Clinical Psychology - 2000

F. Marzano - Ciak, si gioca! - Il Seme Bianco - 2019

D. Miglietta - I sentimenti in scena: lo psicodramma e le sue applicazioni, Torino - Utet Libreria - 1998.

C. Molinari - Storia del Teatro - Laterza - Bari - 2008

J.L. Moreno - Il profeta dello psicodramma, Roma, Di Renzo Editore - 2016

J.L. Moreno. (A cura di Ottavio Rosati) - Manuale di Psicodramma vol.I: Il teatro come terapia, Roma, Astrolabio Ubaldini Editore - 1987

J.L. Moreno - "Manuale di psicodramma Vol II", Roma: Astrolabio - 1985

J.L. Moreno, T. Z. Moreno - "Manuale di psicodramma. Tecniche di ricerca psicodrammatiche" - 2001

F. Perussia - "*Theatrum Psychotechnicum*", Torino: Bollati Boringhieri - 2003

F. Petrella - "La mente come teatro. Antropologia teatrale e psicoanalisi", Torino: C.S.T. - 1985

L.Pirandello - Sei personaggi in cerca di autore ed Enrico IV - Newton Compton Editore - 1990

V. Ruggieri - "*L'esperienza teatrale: inquadramento psicofisiologico*", Informazione in psicologia, psicoterapia, psichiatria - 1996

V. Ruggieri - *Teatro e allusione*", Informazione in psicologia, psicoterapia, psichiatria, n. 31 - 1997

A.A. Schützenberger - La sociometria - Armando Editore, Roma - 1975

H. Weinberg,A. Rolnick, - Theory and practice of online therapy: Internet delivered interventions for individuals, families, groups and organizations. Routledge - 2019

H. Weinberg - Online group psychotherapy: challenges and possibilities during COVID-19 a practice review. Group Dynamic - 2020

H. Weinberg, A. Rolnick - Theory and Practice of Online Therapy: Internet-Delivered Interventions for Individuals, Families, Groups, and Organizations. New York, Routledge - 2020

H. Weinberg - Online GROUP therapy - in search of a new theory; in Theory and Practice of Online Therapy: Internet-Delivered Interventions for Individuals, Families, Groups, and Organizations - New York, Routledge - 2020

D.W. Winnicott D. W - Gioco e realtà, Roma, Armando Editore - 2005

I.D.Yalom, M. Leszcz: Teoria e Pratica della Psicoterapia di Gruppo - Bollati Boringhieri - ed. 2022